法律推理与证据规则

逻辑推理在法律实务中的应用

徐子栋 著

中国财富出版社有限公司

图书在版编目（CIP）数据

法律推理与证据规则：逻辑推理在法律实务中的应用 / 徐子栋著. --北京：中国财富出版社有限公司，2024.6. --ISBN 978-7-5047-8187-1

Ⅰ. D90-051

中国国家版本馆 CIP 数据核字第 20249XU241 号

策划编辑	汪晨曦	责任编辑	田　超　汪晨曦	版权编辑	李　洋
责任印制	梁　凡	责任校对	庞冰心	责任发行	董　倩

出版发行	中国财富出版社有限公司		
社　　址	北京市丰台区南四环西路 188 号 5 区 20 楼	邮政编码	100070
电　　话	010 - 52227588 转 2098（发行部）	010 - 52227588 转 321（总编室）	
	010 - 52227566（24 小时读者服务）	010 - 52227588 转 305（质检部）	
网　　址	http://www.cfpress.com.cn	排　版	宝蕾元
经　　销	新华书店	印　刷	北京九州迅驰传媒文化有限公司
书　　号	ISBN 978-7-5047-8187-1/D · 0213		
开　　本	710mm×1000mm　1/16	版　次	2025 年 1 月第 1 版
印　　张	13.5	印　次	2025 年 1 月第 1 次印刷
字　　数	219 千字	定　价	58.00 元

版权所有·侵权必究·印装差错·负责调换

内容简介

《法律推理与证据规则　逻辑推理在法律实务中的应用》一书，深入探讨了法治思维与法律语言在法律实务中的重要性和应用，通过系统介绍法律推理的基本原理、证据规则与证据分析，帮助读者理解逻辑推理在法律实务中的具体应用，同时对未来法治思维与法律实务的创新发展进行了展望，并提出相应的挑战与机遇。通过阅读本书，读者将能够深入理解法治思维与法律语言在法律实务中的重要作用，为法治建设贡献自己的力量。

前 言
Introduction

  在人类文明的长河中，法律作为社会规范的基石，扮演着维护社会秩序、保障公平正义的重要角色。法律推理与证据规则，作为法律实践中的两大核心要素，是法律人必须掌握和运用的基本工具。《法律推理与证据规则　逻辑推理在法律实务中的应用》旨在深入剖析法律推理与证据规则的基本原理，探讨逻辑推理在法律实务中的具体应用，以期为提高法律实务工作者的专业素养和综合能力提供有益的参考。法治思维与法律语言是法律实践的基础。法治思维要求在法律实践中始终坚持法律的权威性、公正性和稳定性，以事实为根据，以法律为准绳，确保法律的正确适用。法律语言则是法治思维的载体，它要求在法律文书的撰写、法律条款的解释以及法律问题的阐述中，使用准确、规范、严谨的语言，以确保法律信息的准确传递和法律意图的清晰表达。

  法律推理是法律实践的灵魂，它涉及法律规范的解释、法律事实的认定以及法律责任的判断等多个方面。通过逻辑推理，能够将抽象的法律规范与具体的法律事实相结合，形成合理的法律结论。法律推理也是检验法律适用是否准确、公正的重要手段，它有助于避免主观臆断和随意裁判，确保法律实践的公正性和合理性。

  证据规则是法律实践的重要支柱。在法律实务中，证据是认定事实和判断责任的关键依据。证据规则要求在收集、审查、运用证据时必须遵循一定的程序和原则，以确保证据的合法性、真实性和关联性。通过证据规则的运用，能够有效地防止虚假证据和非法证据的干扰，保障当事人的合法权益，维护法律的尊严和权威。

  逻辑推理在法律实务中的应用是本书的重点内容。逻辑推理作为一种科学的思维方法，对于提高法律实务工作者的思维能力和分析能力具有重要意义。本书将从逻辑推理在法律实务中的应用、法律实务中的逻辑推理方法以及提高逻辑推理能力的途径等方面进行深入探讨，以期帮助读者更好地掌握和运用逻辑推理工具，提高法律实务工作的质量和效率。本书还将关注法治思维与法律语言的结合、法律实务中的逻辑谬误与防范以及法治思维与法律实务的创新发展等问题。这些问题不仅关系到法律实践的准确性和公正性，也涉及法律职业者的专业素养和职业道德。在新时代背景下，法治思维需要不断创新和完善，以适应社会发展的需要。法律实务中的证据规则与逻辑推理也需要不断发展和完善，以更好地服务司法实践。

目 录 Contents

001 第一章　　　　　　　第一节　法治思维的核心要素　002
　　 法治思维与法律语言　第二节　法律语言的基本特征　009
　　 的基础与概览　　　　第三节　法治思维与法律语言的关联　019

027 第二章　　　　　　　第一节　法律推理的定义与分类　028
　　 法律推理的基本原理　第二节　法律推理的逻辑结构　035
　　 与实践　　　　　　　第三节　法律推理的实践应用　045

053 第三章　　　　　　　第一节　证据规则概述　054
　　 证据规则与证据分析　第二节　证据收集与审查　063
　　 　　　　　　　　　　第三节　证据的分析与运用　074

081 第四章　　　　　　　第一节　逻辑推理在案件分析中的作用　082
　　 逻辑推理在法律实务　第二节　法律实务中的逻辑推理方法　089
　　 中的应用　　　　　　第三节　提高逻辑推理能力的途径　099

109 第五章　　　　　　　第一节　法律语言在法治思维中的体现　110
　　 法治思维与法律语言　第二节　法治思维对法律语言的要求　116
　　 的结合　　　　　　　第三节　提高法律语言表达能力的途径　122

131	第六章 法律实务中的逻辑谬误与防范	第一节 常见逻辑谬误类型及其识别 132 第二节 逻辑谬误在法律实务中的影响 139 第三节 逻辑谬误的防范策略与方法 148
157	第七章 法治思维与法律实务的创新发展	第一节 新时代背景下的法治思维创新 158 第二节 法律实务中证据规则与逻辑推理的完善 166 第三节 法律语言与法治思维的协同发展 173
181	第八章 未来研究方向与挑战	第一节 法治思维与法律语言研究的未来趋势与方向 182 第二节 法律推理与证据规则应用面临的挑战与机遇 187 第三节 对法治思维与法律语言研究的总结与反思 199

207 参考文献

第一章 法治思维与法律语言的基础与概览

第一节　法治思维的核心要素

法治思维，作为现代社会治理的核心思维方式，是依法治国的基本要求和重要保障。它体现了人们对法律的尊重、对法治的信仰，是指导人们行动的重要准则。法治思维的核心要素，既包含法律的基本精神，也涵盖法律思维的主要特征，这些要素共同构成了法治思维的基础和骨架。

一、法律至上

法律至上作为法治思维的首要要素，深刻地影响着人们对社会秩序的认知和维护方式。在法治社会中，法律被赋予了至高无上的地位，成为衡量行为合法与否、判定责任归属的根本准则。这种观念不仅体现在法律文本中，更内化于每个社会成员的心中，是人们共同遵守的行为准则。法律至上意味着法律的普遍性和平等性。法律适用于所有社会成员，不论其身份、地位或财富状况如何，都必须在法律面前保持平等。这种普遍性和平等性是法治社会的基本特征，也是法律至上原则的具体体现。它确保了每个人在享受权利、履行义务时都能得到公平对待，从而维护了社会的公正和正义。

法律至上要求任何个人、组织或权力机关都必须服从法律的约束。这意味着无论权力有多大、地位有多高，都不能凌驾于法律之上，更不能以权代法、以言代法。法律的权威性和稳定性得到了充分保障，使得社会秩序得以在法律的框架内稳定运行。这种对法律的尊重和服从，是法治思维的核心体现，也是法治社会得以建立和维护的基础。法律至上还体现在法律执行的严格性和公正性。法律的执行不仅要求严格按照法律程序进行，还要求对违法行为进行公正、公平的处罚。这种严格性和公正性确保了法律的有效实施，使得违法行为得到及时制止和纠正，从而维护了社会的和谐与稳定。

法律至上还意味着对法律的不断完善和发展。法律不是一成不变的，它需要根据社会的发展和变化进行适时的调整和完善。这种不断完善和发展的过程，正是法治思维在法律至上原则指导下的具体实践。通过不断地修订和完善，法律可以更好地适应社会的发展需求，确保其始终能够发挥应有的作用。在法治社会中，法律至上的观念深入人心，使得人们在处理问题时能够始终以法律为准绳，尊重法律的权威性和稳定性。同时，法律至上也为人们提供了一个公平、公正的社会环境，让每个人都能够在法律的保护下享有平等的权利和机会。然而，要实现法律至上的目标，并非易事，它需要我们从多个方面入手，不断加强法治建设。我们需要加强法律宣传教育，提高公民的法律意识和法律素养；我们需要加强法律制度建设，完善法律体系，确保法律的公正性和有效性；我们还需要加大法律监督和执行力度，确保法律得到严格执行和公正实施。

二、权利保障

权利保障，不仅是法治精神的体现，也是法治实践的基本要求，在法治社会中扮演着至关重要的角色。权利保障体现了法治的人文关怀。法治思维的核心在于以人为本，尊重并保障每个人的合法权利。这种人文关怀体现在对公民个体权利的尊重和保护上，无论其性别、年龄、民族、宗教信仰等如何，都应当平等地享有法律赋予的权利。在法治社会中，每个人的权利都受到法律的严格保护，任何侵犯他人权利的行为都将受到法律的制裁。这种对个体权利的尊重和保障，是法治社会区别于其他社会治理模式的重要标志。权利保障有助于维护社会的公平正义。公平正义是法治社会的核心价值追求，而权利保障则是实现公平正义的重要途径。通过保障每个人的合法权利，可以确保社会成员在平等的基础上参与社会生活和竞争，从而避免因权利受到侵犯而产生的社会不公现象。同时，权利保障也有助于增强社会成员对法治的信任感和认同感，提高社会的凝聚力和向心力，进一步促进社会的和谐稳定发展。

权利保障还体现了法治的社会责任。法治思维要求我们在追求个人利益的同时，也要积极维护社会的公共利益。这意味着在保障个体权利的同时，也要关注社会的整体利益和长远发展。因此，权利保障不仅是对个体权利的简单维护，更是对社会责任的积极履行。通过制定合理的法律制度、加强法律实施和监督等措施，可以确保权利保障与社会责任之间的平衡和协调。

在实践中，权利保障需要多方面的努力和配合。立法机关应当制定完善的法律制度，明确公民的权利和义务，为权利保障提供坚实的法律基础。法律制度应当体现公平、公正、合理等原则，确保公民权利的平等保护和有效实现。执法机关和司法机关应当严格依法办事，公正、公平地处理涉及公民权利的案件，维护法律的权威性和公信力。政府和社会各界也应当积极履行责任，推动权利保障工作的深入开展。需要加强法治宣传教育，提高公民的法律意识和权利意识。通过普及法律知识、开展法治教育活动等方式，帮助公民更好地了解自己的权利和义务，增强维护自身权利的能力。需要建立健全权利救济机制，为公民提供有效的权利保护途径和渠道。当公民的权利受到侵犯时，可以通过合法途径寻求救济和维权，确保权利得到及时、有效的保障。还需要关注权利保障与其他法治要素之间的关系。例如，权利保障与权力制约、法律实施等要素密切相关。通过加强权力制约和监督，可以防止权力滥用和侵犯公民权利的现象发生；通过加强法律实施和监督，可以确保法律制度得到有效执行和遵守，从而进一步保障公民的权利和自由。

三、程序正义

程序正义，作为法治思维的重要体现，其深远意义不仅在于保障个体权益，更在于维护整个社会的公平与正义。在法治社会中，程序正义犹如一把衡量司法公正的尺子，确保法律的公正、公平和公开地实施。程序正义意味着公正、公平、公开的程序原则。在法治社会中，法律程序的设定和执行应当符合这些原则，确保每个当事人在法律面前都享有平等的地位和权利。公正意味着程序的制定和执行应当不偏不倚，避免任何形式的歧视和偏见；公平则要求程序对待所有当事人一视同仁，不因身份、地位或财富的差异而有所偏颇；公开则是指程序应当透明，让当事人和社会公众都能够了解案件的进展和结果。这些原则共同构成了程序正义的核心，为法治社会的公正司法提供了坚实的保障。

程序正义要求人们在处理案件时，严格按照法律规定的程序进行。这意味着无论是司法机关还是行政机关，在处理涉及公民权益的案件时，都必须遵循既定的法律程序，不得随意改变或简化程序。这种严格遵循程序的做法，有助于确保法律适用的统一性和稳定性，防止权力的滥用和腐败现象的发生。它也能够增强公众对法律制度的信任感，提高法律的权威性和公信力。程序正义还体现了法治的规范性和可操作性。法治思维强调法律制度的明确性、稳定性和可预测性，而程序正义正是实现这些目标的重要手段。通过制定和实施公正、公平、公开的法律程序，我们可以将抽象的法律规定转化为具体的操作规范，使法律制度更加贴近实际、更加易于操作。这不仅有助于提高司法效率，也能够减少法律实施中的随意性和不确定性，从而确保法律制度的规范性和可操作性。

在实践中，贯彻程序正义的原则需要多方面的努力和配合。立法机关在制定法律时应当充分考虑程序正义的要求，确保法律程序的公正性、公平性和公开性。法律程序还具有可操作性和灵活性，以适应不同案件的需求。司法机关和行政机关在处理案件时应当严格遵守法律程序，不得随意改变或简化程序。办案机关还应当加强对程序正义原则的理解和运用，提高司法和行政的公正性和效率。社会公众也应当增强程序正义意识，积极参与和监督法律程序的实施过程，共同维护社会的公平与正义，还应当注意程序正义与其他法治要素之间的紧密联系。程序正义与实体正义相辅相成，二者共同构成了法治社会的基石。实体正义关注法律结果的公正性，而程序正义则关注法律过程的公正性。只有在程序正义的基础上实现实体正义，才能真正实现法治社会的目标。程序正义还与权力制约、法律监督等要素密切相关。通过加强权力制约和法律监督，可以确保程序正义原则得到有效执行和遵守，从而进一步推动法治建设的发展。

四、权力制约

权力制约的核心目的在于防止权力的滥用和腐败，确保权力在法律框架内运行，以维护社会公正与公平。法治思维强调权力的分立与制衡，通过构建完善的权力制约机制，实现对国家权力的有效监督和制约。权力制约的重要性不言而喻。

权力是一把双刃剑,既可以用来维护社会秩序、推动社会进步,也可能被滥用,导致社会不公和腐败现象。对权力进行有效的制约和监督,是法治社会的必然要求。通过权力制约,可以确保权力的合法性和正当性,防止权力被滥用或用于谋取私利。权力制约也有助于增强公民对政府的信任和支持,提高政府的公信力和执政能力。

实现权力制约需要构建完善的权力制约机制,包括立法、行政、司法等权力的相互制约和平衡。在立法层面,应通过制定完善的法律法规,明确权力的边界和行使程序,为权力制约提供法律保障。在行政层面,应建立健全行政监督和问责机制,对行政权力的行使进行监督和约束。在司法层面,应确保司法机关独立行使审判权,对违法行为进行公正、公平的审判和裁决。此外,还应加强公民对权力的监督,通过舆论监督、社会监督等方式,提高权力运行的透明度和公开性。权力制约也体现了法治的民主性。民主是法治的基础,而权力制约则是民主的重要保障。通过权力制约,可以确保政府权力在法律的框架内运行,防止政府权力侵犯公民的合法权益。权力制约也有助于激发公民的参与意识,鼓励公民积极参与政治生活,为国家的发展和进步贡献智慧和力量。

在法治化进程中,权力制约的不断完善也是法治思维的重要体现。随着社会的不断发展和进步,法律制度也在不断完善和更新。在这个过程中,权力制约机制也需要不断适应新的形势和要求,进行相应的调整和改进。这既包括对权力制约法律法规的修订和完善,也包括对权力制约实践经验的总结和提炼。通过不断完善权力制约机制,可以更好地适应社会发展的需要,推动法治建设的深入发展。

我们还应当注意到权力制约与权利保障之间的紧密联系。权利保障是法治思维的核心要素之一,而权力制约则是实现权利保障的重要手段。通过制约权力,可以防止权力侵犯公民的合法权益,保障公民的权利和自由。权力制约也有助于增强公民对法律的信任和尊重,提高法律的权威性和有效性。在构建法治社会的过程中,应当将权力制约和权利保障相结合,共同推动法治建设的深入发展。在实践中,权力制约还需要与法治教育的普及和提高相结合。通过加强法治教育,可以提高公民的法律意识和法治素养,使公民更加了解权力制约的重要性和必要性。通过加强法治教育也可以培养公民的参与意识和监督意识，鼓励公民积极参与到权力制约的实践中来，共同维护社会的公平与正义。

五、责任追究

责任追究作为法治思维的必要环节，在维护法治秩序、保障社会公正方面发挥着不可或缺的作用。它要求对于任何违反法律的行为，不论涉及者的身份地位如何，都必须依法追究相关责任人的法律责任，以确保法律的威慑力和惩罚力得到有效体现。这一要素深刻体现了法治的公正性和严肃性，是构建法治社会、维护社会和谐稳定的重要保障。责任追究是法治思维的直接体现。法治思维的核心在于尊重法律、崇尚法治，要求一切行为都必须在法律框架内进行。当有人违反法律时，必须依法追究其责任，这是法治思维的必然要求。通过责任追究，可以彰显法律的权威性和公正性，让公众看到法律不是纸上谈兵，而是具有实际约束力和执行力的。责任追究也对潜在违法者起到警示作用，提醒他们必须遵守法律，否则将受到法律的制裁。

责任追究有助于维护社会公正。法律是社会公正的守护者，而责任追究则是法律实现公正的重要手段。当有人利用职权谋取私利、侵犯他人权益时，通过责任追究可以让他们付出应有的代价，恢复被侵犯者的权益，维护社会的公平正义。责任追究还可以防止权力的滥用和腐败现象的发生，确保权力在法律的轨道上运行，为社会公正提供有力保障。责任追究对于提升法治权威具有重要意义。法律的权威来自其被严格执行和普遍遵守。当法律得到严格执行，违法行为得到及时查处和制裁时，公众对法律的信任度和认可度就会提高，法治权威也会得到巩固和提升。相反，如果法律得不到严格执行，违法行为得不到应有的制裁，那么法律的权威就会受到损害，公众对法治的信心也会动摇。责任追究是提升法治权威、维护法治秩序的重要手段。

责任追究也是推进法治建设的重要动力。在法治建设过程中，责任追究机制是否完善直接影响到法治建设的质量和效果。通过建立健全责任追究机制，可以推动相关部门和人员积极履行职责、依法行权，促进法治建设的深入开展。责任追究还可以激发公众参与法治建设的积极性，形成全社会共同推进法治建设的良好氛围。在实践中，责任追究需要遵循一定的原则和方法。要坚持法律面前人人平等的原则，不论涉及者的身份地位如何，都应依法追究其责任。要确保责任追究程序的公正性和透明度，避免程序不当或滥用职权导致的不公正现象。还要注重责任追究的实效性和震慑力，确保追究结果能够真正起到惩罚和警示作用。

责任追究需要加强法治宣传教育，提高公众的法律意识和法治素养，让更多人明白责任追究的重要性和必要性。还需要加强对执法和司法人员的培训和教育，提高他们的法律素养和执法水平，确保责任追究工作能够依法、公正、高效地进行。责任追究还需要与其他法治要素相互配合、共同发挥作用。权力制约和责任追究是相辅相成的，通过权力制约可以减少违法行为的发生，而责任追究则可以对违法行为进行事后制裁和纠正。责任追究也需要与权利保障相结合，确保在追究责任的过程中不侵犯公民的合法权益。

六、理性思维

理性思维是法治思维的重要特征，其深刻内涵和深远影响不容忽视。在处理问题时，理性思维强调运用逻辑推理、证据分析等科学方法，避免主观臆断和情绪化决策，从而确保决策的科学性和公正性。法治思维正是以这种理性思维为基础，强调以事实为依据、以法律为准绳，通过客观分析和理性判断来解决问题的。理性思维是法治思维的基础和前提。法治思维要求我们在处理问题时，必须摒弃个人情感、偏见和主观臆断，以客观、公正的态度对待每一个案件和每一个当事人。而理性思维正是实现这一目标的关键，我们通过运用逻辑推理、证据分析等科学方法，可以更加准确地把握问题的本质和真相，避免被表面现象和虚假信息所迷惑。理性思维也有助于我们更好地理解和适用法律，确保法律的正确实施和有效执行。

理性思维有助于提升法治水平。法治社会的建设离不开高水平的法律实施和司法公正。而理性思维正是实现这一目标的重要工具。通过运用理性思维，我们可以更加深入地分析问题、解决问题，从而提高司法决策的质量和效率。理性思维也有助于增强公众对法律的信任和尊重，提高法律的权威性和公信力。当公众看到司法机关能够运用理性思维公正、公平地处理案件时，他们对法治的信心和满意度也会相应提高。理性思维还有助于推动法治创新和发展。法治社会是一个不断发展和完善的过程，需要不断地进行创新和探索。而理性思维正是推动这一进程的重要力量。通过运用理性思维，我们可以更加深入地研究法律现象、探索法律规律，提出更加科学、合理的法律制度和司法实践方案。理性思维也有助于我们更好地应对新情况、新问题，确保法治建设始终与时俱进、适应社会发展需要。

要真正实现理性思维在法治思维中的重要作用，还需要克服一些困难和挑战。一是需要加强对公民理性思维的培养。通过普及法律知识、开展法治教育等方式，提高公民的法律素养和理性思维能力，使他们能够更好地理解和支持法治建设。二是要加强司法人员的专业素养和职业道德建设。司法人员是法治建设的重要力量，他们的专业素养和职业道德水平直接影响到法治思维的实现程度。因此，我们要加强对司法人员的培训和监督，确保他们能够运用理性思维公正、公平地处理案件。

此外，还需要注重在实践中培养和运用理性思维。理性思维不是空洞的理论，而是需要在实践中不断运用和完善的，所以应该鼓励公民和司法人员积极参与法律实践，通过实践锻炼提升理性思维能力。还可以借鉴和吸收其他国家和地区的先进经验和做法，不断完善我国的法治思维和理性思维体系。

综上，法治思维的核心要素包括法律至上、权利保障、程序正义、权力制约、责任追究和理性思维等几个方面。这些要素共同构成了法治思维的基本框架和核心内容，为我们在法治社会中正确行使权力、维护权利、解决问题提供了重要指导。

第二节　法律语言的基本特征

语言是法律权力的载体，庞大的成文法法律体系搭建在语言的结构之上，抽象的法律概念也只有通过语言才能被人们理解。然而由于目的和对象等语用因素以及法律本身的权威性，人们在进行法律活动时对语言进行了调节和规制，使得法律语言成为一种具有自身特性的特殊语言功能变体，与人们生活日常使用的语言或者在其他领域中运用的语言有着较大的差异。在现代社会中，法律语言更是在立法、司法活动中扮演着重要的角色。

一、专业性与术语性

法律语言的专业性与术语性是法律表达的核心特征，它们对于法律体系的严谨性、明确性以及法律实践的有效性具有深远的影响。这不仅体现在法律文本的撰写中，也贯穿于法律教育、法律实务乃至社会大众对法律的理解和认知中。

（一）专业性

法律语言的专业性是其最为显著的特征之一。法律作为社会规范的一种，它涉及人类生活的方方面面，包括但不限于个人的权利义务、社会的公平正义、国家的治理体系等。为了精确地描述这些复杂的社会现象，法律语言必须具备高度的专业性。这种专业性体现在法律语言对于特定概念的精确定义，对于复杂法律关系的准确描述，以及对于法律原则和规则的清晰阐述。例如，在刑法中，"犯罪"一词有着严格的定义，它涉及行为人的主观恶意、行为的违法性以及行为的危害性等多个方面。这样的定义确保了法律的准确性和权威性，避免了因概念模糊或定义不清而导致的法律适用上的混乱。

（二）术语性

法律语言的术语性也是其重要特征之一。术语是某一领域或学科中特有的、用于精确表达特定概念或现象的词汇。在法律领域，术语的运用更是不可或缺。法律术语通常具有固定的含义和用法，它们在法律语境中承载着特定的法律意义。例如，"侵权"一词在法律上指的是侵犯他人合法权益的行为，它包括了侵犯财产权、人身权等多种情形。而"合同"则是指双方或多方当事人之间设立、变更、终止民事关系的协议。这些术语的使用不仅有助于精确地表达法律概念，也有助于法律人在实践中进行准确的判断和决策。法律语言的专业性与术语性对于确保法律的准确性和权威性具有至关重要的作用。在法律实践中，每一个法律术语的使用都可能影响到法律关系的认定、法律责任的划分以及法律后果的承担。因此，法律人必须熟练掌握这些术语，以确保法律适用的准确性和公正性。对于社会大众来说，了解和掌握一定的法律术语也有助于他们更好地理解和遵守法律，维护自身的合法权益。

法律语言的专业性与术语性也带来了一定的挑战。由于法律语言的高度专业化和术语化，使得非法律专业人士在理解法律文本时可能会感到困难。这在一定程度上增加了法律普及的难度，也限制了法律在社会生活中的广泛应用。在法律教育和法律普及工作中，我们需要注重用通俗易懂的语言解释法律术语，帮助公众更好地理解和接受法律知识。随着社会的不断发展和法律体系的不断完善，新的法律问题和法律现象也在不断出现。这就需要法律语言不断更新和完善，以适应时代发展的需要。在这个过程中，法律人需要保持敏锐的洞察力和创新精神，不断探索和创造新的法律术语和表达方式，以更好地服务于社会实践和法律需求。

二、精确性与严谨性

法律语言作为社会规范的核心表达工具，精确性与严谨性是其不可或缺的重要特征。这种特性不仅体现在法律文本的撰写中，更贯穿于法律实践的全过程，确保了法律的权威性和有效性。

（一）精确性

精确性是法律语言的基本要求。法律是对社会行为的规范和约束，因此法律语言必须准确无误地表达法律条款的含义和要求。在法律文本中，每一个词汇的选择、每一个句子的构造，都需要经过深思熟虑和精心搭配，以确保其能够精准地传达立法者的意图。这种精确性不仅体现在对法律概念、法律关系、法律责任的界定上，也体现在对法律程序、法律效力的规定上。例如，在刑法中，对于不同罪名的定义和量刑标准的设定，都必须精确到每一个细节，以避免产生歧义和漏洞，确保法律的公正和公平。

法律语言的精确性还体现在对法律术语的严格使用上。法律术语是法律语言的重要组成部分，它们具有特定的含义和用法，是法律文本中不可或缺的元素。法律术语的使用，能够确保法律语言的准确性和专业性，避免因为语言表述不清或歧义而导致法律适用的困难。例如，"侵权行为"和"犯罪行为"虽然都涉及对他人权益的侵害，但它们在法律上却有着严格的区分和不同的法律后果。在法律文本中，必须严格使用这些术语，以确保法律的精确性和权威性。

（二）严谨性

严谨性是法律语言的另一重要特征。法律语言的严谨性主要体现在逻辑结构的严密性和内在联系的一致性上。法律文本通常由多个条款组成，这些条款之间必须相互协调、相互补充，形成一个完整的法律体系。在构建法律文本时，必须注重逻辑关系的梳理和内在联系的建立，确保每一个条款都有其存在的价值和意义，而不是孤立的、无关紧要的。法律语言的严谨性还要求对法律条款的表述进行严格的审查和修改，避免出现自相矛盾、逻辑混乱的情况。这种严谨性不仅有助于提升法律文本的质量，也有助于增强法律的权威性和公信力。

法律语言多用长句，以满足立法语言语意表述严密的需要。比如《刑法》第七十七条："被宣告缓刑的犯罪分子，在缓刑考验期限内犯新罪或者发现判决宣告以前还有其他罪没有判决的，应当撤销缓刑，对新犯的罪或者新发现的罪作出判决，把前罪和后罪所判处的刑罚，依照本法第六十九条的规定，决定执行的刑罚。"本句的状语部分是一个并列结构"在缓刑考验期限内犯新罪或者发现判决宣告以前"，该句包含了以下四点信息：①被宣告缓刑的犯罪分子在缓刑考验期内犯新罪则应当撤销缓刑；②被宣告缓刑的犯罪分子在缓刑考验期内被发现有漏罪未审判则应当撤销缓刑；③缓刑考验期内新犯的罪应当与旧罪数罪并罚；④缓刑考验期内发现的漏罪应当与旧罪数罪并罚。该条采用长句，利用多个并列结构，将大量信息压缩在了一个句子中，节省了词语资源，也缩短了法律文本的篇幅，体现了法律语言的经济性。

法律语言的精确性与严谨性对于法律实践具有重要意义。它们确保了法律文本的准确性和权威性。通过精确的语言表达和严谨的逻辑结构，法律文本能够清晰地传达立法者的意图和要求，为法律实践提供明确的指导和依据。它们有助于减少法律纠纷和争议。由于法律语言具有精确性和严谨性，因此法律条款的表述应更加明确、无歧义，有助于减少因语言表述不清或歧义而产生的法律纠纷和争议。它们提升了法律体系的稳定性和可靠性。通过构建严谨的法律文本和逻辑关系，使法律体系能够更加稳定、可靠地运行，为社会的发展和进步提供有力的法律保障。要实现法律语言的精确性与严谨性并非易事。这需要立法者具备深厚的法律功底和语言表达能力，能够准确地把握社会现象和法律问题的本质，用精确、严谨的语言进行表达。也需要法律实务人员具备扎实的法律知识和敏锐的法律思维，能够准确地理解和适用法律条款，确保法律实践的有效性和公正性。

三、规范性与标准性

法律语言的规范性与标准性，是法律文本得以被准确解读、公正执行的基础，也是法律体系内部统一性的重要保障。这些特性不仅体现在法律文本的语法、句式、词汇等语言形式上，更体现在法律文本所传达的法律精神、法律原则和法律规则等深层次内容上。

（一）规范性

法律语言的规范性体现在其语法规则和写作规范上。法律文本作为正式的法律文件，其语言必须严谨、规范，符合汉语的语法规则和表达习惯。在句子结构上，法律文本通常采用长句和复合句，以精确地表达复杂的法律关系和法律逻辑。在词汇选择上，法律文本倾向于使用专业术语和正式词汇，以确保其表述的准确性和权威性。法律文本还注重段落的划分和布局，以便于读者理解和把握文本的主要内容。这些语法规则和写作规范共同构成了法律语言规范性的基础，确保了法律文本的通顺性和可读性。

法律语言的规范性还体现在其受到法律体系和法律制度的制约上。不同的法律体系和法律制度对法律语言的使用有着不同的要求和规范。在撰写法律文本时，必须根据所在的法律体系和法律制度，遵循相应的规范和标准，以确保法律文本的一致性和可比较性。

（二）标准性

法律语言的标准性也是其重要特征之一。标准性主要体现在法律术语的统一使用和法律文本格式的标准化上。法律术语是法律语言的核心组成部分，它们具有特定的含义和用法，是法律文本中不可或缺的元素。为了确保法律术语的统一使用，各国通常会制定专门的法律术语词典或规范，对法律术语的定义、用法和翻译等进行统一规定。这有助于消除法律术语使用上的混乱和歧义，提升法律文本的准确性和权威性。

法律文本格式的标准化也是法律语言标准性的体现。法律文本通常具有固定的格式和结构，包括标题、引言、正文、结论等部分，每部分都有其特定的功能和要求。这种格式化的写作方式不仅有助于提升法律文本的可读性和易理解性，也有助于确保法律文本的一致性和规范性。通过遵循标准化的文本格式，法律人能够更加高效地撰写和审阅法律文本，提升工作效率和质量。

法律语言的规范性与标准性对于法律实践具有重要意义。它们有助于确保法律文本的准确性和权威性。通过遵循语法规则和写作规范，使用统一的法律术语和标准化的文本格式，法律文本能够准确地传达立法者的意图和要求，为法律实践提供明确的指导和依据。它们有助于提升法律实践的效率和质量。规范性和标准性的法律语言使得法律文本更加易于理解和执行，减少了因语言表述不清或歧义而产生的误解和纠纷，提升了法律实践的效率和质量。它们有助于维护法律体系的稳定性和统一性。通过遵循相同的规范和标准，不同地区的法律文本能够保持一致性和可比较性。要实现法律语言的规范性与标准性并非易事。这需要法律人具备扎实的法律功底和语言表达能力，能够准确地把握法律精神和原则，用规范、标准的语言进行表达。也需要法律机构和社会各界共同努力，制定和完善相关法律术语词典和规范，推广标准化的文本格式和写作方式，为法律语言的规范性和标准性提供有力保障。

四、庄重性与权威性

法律语言的庄重性与权威性，无疑是法律文本的显著特征，也是法律本身庄重、严肃性的直接体现。法律作为社会行为的规范和约束，其权威性和严肃性不言而喻，而法律语言作为法律表达的工具，自然也必须体现出这种庄重与权威。

（一）庄重性

法律语言的庄重性体现在其词汇的选择上。法律语言通常使用正式、庄重的词汇，这些词汇往往具有明确的法律含义和特定的法律效力。例如，"被告人""原告""证据"等词汇，都是法律语境中特有的正式用语，它们的使用能够直接传达出法律文本的庄重和严肃。同时，法律语言避免使用口语化或俚语化的表达方式，以保持其语言的规范性和准确性。这种词汇选择上的庄重性，不仅有助于塑造法律文本的权威形象，也有助于提升公众对法律的尊重和信任。

法律语言的句式结构也体现了其庄重性。法律语言通常采用复杂、严谨的句式结构，以表达法律条款的精确性和完整性。这种句式结构往往包含多个从句和修饰语，使得句子结构更为复杂，但同时也更能体现出法律文本的权威性和严肃性。例如，在法律判决书中，法官通常会使用长句和复杂的语法结构来详细阐述判决的理由和依据，以确保判决的准确性和权威性。这种句式结构上的庄重性，不仅有助于增强法律文本的说服力，也有助于提升公众对法律判决的接受度。除了词汇和句式结构，法律语言的庄重性还体现在其整体风格上。法律语言通常追求客观、中立的表达方式，避免主观情感和个人偏见的介入。这种客观中立的风格特点，使得法律语言更加庄重、严肃，也更能够体现出法律的公正和公平。同时，法律语言还注重逻辑性和条理性，通过清晰的逻辑关系和条理分明的表达方式来展示法律的严谨性和权威性。

（二）权威性

而法律语言的权威性，则是其庄重性的必然延伸。权威性体现在法律语言对公众行为的规范和约束上，也体现在法律语言对法律实践的指导和引领作用上。法律语言作为法律文本的载体，其权威性源于法律的庄重性和严肃性。通过法律语言的使用，法律得以将社会行为规范化、秩序化，维护社会的稳定和和谐。法律语言也为法律实践提供了明确的指导和依据，确保了法律实践的公正和公平。

法律语言的庄重性与权威性对于法律实践和社会治理具有重要意义。它们有助于树立法律的威严形象，增强公众对法律的信任和尊重。通过庄重、严肃的法律语言，法律得以将其权威性和严肃性传递给公众，使公众更加自觉地遵守法律、维护法律。它们有助于提升法律实践的质量和效率。庄重、权威的法律语言为法律实践提供了明确的指导和依据，使得法律实践更加规范、有序，减少了因语言表述不清或歧义而产生的法律纠纷和争议。它们有助于推动社会的和谐稳定和发展进步。通过庄重、权威的法律语言，法律得以有效地规范和约束社会行为，维护社会的稳定和和谐，为社会的发展进步提供有力的法律保障。要实现法律语言的庄重性与权威性并非易事。这需要立法者、法律实务人员以及广大公众共同努力，不断提升法律语言的规范性和准确性，增强其庄重性和权威性。也需要加强对法律语言的研究和探讨，不断推动法律语言的创新和发展，以适应时代的需求和社会的变化。

五、历史性与传承性

法律语言的历史性与传承性，是法律文化的重要体现，也是法律发展不可或缺的一环。法律作为人类社会的行为规范，其语言形式随着历史的演变而不断发展和完善，承载了丰富的历史信息和深厚的文化底蕴。

（一）历史性

法律语言的历史性体现在其随着时代的变迁而不断演进。在人类社会的早期，法律往往以口头形式存在，通过口耳相传的方式传承下来。随着文字的出现和发展，法律开始以书面形式记载，形成了具有特定格式和术语的法律文本。这些法律文本不仅记录了当时的法律制度和社会规范，也反映了当时社会的价值观念和文化特色。例如，在古代中国的法律文献中，我们可以看到对于"礼"与"法"的深刻探讨，以及对于"仁义道德"的强调，这些都体现了当时社会的道德观念和法律思想。

法律语言的历史性还体现在其对于传统法律术语和表达方式的保留。这些传统的法律术语和表达方式，经过历史的沉淀和考验，已经成为法律语言的重要组成部分。它们不仅具有明确的法律意义，也承载着丰富的历史和文化内涵。例如，"契约""权利""义务"等术语，自罗马法时代起就一直是法律语言的核心词汇，至今仍在全球范围内广泛使用。这些术语的稳定性和传承性，为法律语言的连续性和一致性提供了重要保障。

（二）传承性

法律语言的传承性也是其历史性的重要体现。传承性意味着法律语言不仅是对历史的记录，也是对历史的延续和发展。在法律语言的发展过程中，许多传统的法律术语和表达方式得以传承，成为现代法律语言的重要组成部分。这些传统的法律术语和表达方式，不仅具有历史价值和文化内涵，也为我们理解和研究法律提供了重要的参考和依据。随着社会的不断发展和法律制度的不断完善，新的法律术语和表达方式也不断涌现，为法律语言的发展注入了新的活力。这些新的法律术语和表达方式，既是对传统法律语言的补充和完善，也是对社会变革和法律创新的反映和体现。

法律语言的传承性还体现在法律教育和法律实践中。在法律教育中，传统的法律术语和表达方式被作为基础知识传授给学生，帮助他们建立对法律的基本认知和理解。同时，通过学习和研究传统的法律文献和案例，学生可以深入了解法律的历史渊源和发展脉络，从而更好地把握法律的本质和精神。在法律实践中，传统的法律术语和表达方式被广泛运用，成为法律人进行交流和沟通的重要工具。这些术语和表达方式的稳定性和传承性，有助于确保法律实践的准确性和一致性。法律语言的历史性与传承性并不意味着其是静止不变的。相反，随着社会的不断进步和法律制度的不断完善，法律语言也在不断地发展和创新。新的法律现象、新的法律问题和新的法律需求不断涌现，要求法律语言能够与时俱进，为法律的发展提供有力的支持。因此，在法律语言的发展过程中，我们既要尊重历史、传承传统，又要勇于创新、适应时代。

六、国际化与本土化相结合

法律语言，作为法律制度的载体和传达工具，在全球化的大背景下，既呈现出国际化的趋势，又必须保持其本土化的特色。国际化与本土化的结合，不仅是法律语言发展的必然要求，也是推动法律制度完善和法律文化繁荣的重要途径。随着全球化进程的加速推进，不同国家和地区的法律制度之间的交流与合作日益频繁。这种交流不仅涉及法律理念的碰撞与融合，也包括法律语言的互译与传播。在这个过程中，法律语言的国际化成为必然趋势。国际化的法律语言有助于消除不同法律体系之间的语言障碍，促进法律信息的流通和共享。国际化的法律语言还能够推动法律制度的趋同，为全球范围内的法律合作提供便利。

国际化并不意味着完全抛弃本土化的特色。相反，在追求国际化的过程中，我们必须注重保持和发扬本土法律文化的独特魅力。不同国家和地区的法律体系、文化传统和社会背景各不相同，这些差异在法律语言中得到了充分体现。本土化的法律语言不仅能够准确反映一个国家或地区的法律制度和法律文化，还能够激发民众对法律的认同感和归属感。在国际化与本土化的结合中，需要找到一个平衡点，既要吸收借鉴国际先进的法律理念和表达方式，又要保持和发扬本土法律文化的独特魅力。为实现法律语言的国际化与本土化相结合，需要加强法律语言的翻译和研究工作。通过翻译不同国家和地区的法律文献和案例，可以了解不同法律体系的特点和表达方式，为本土法律语言的完善提供借鉴。还需要深入研究本土法律文化的内涵和特点，挖掘其独特的法律语言表达方式，以丰富和发展本土法律语言。

我们需要加强法律教育的国际化与本土化相结合。在法律教育中，既要注重传授国际先进的法律理念和知识，又要注重培养学生的本土法律意识和实践能力。通过案例教学、模拟法庭等方式，让学生深入了解本土法律制度的运作和实践，同时培养他们的国际视野和跨文化交流能力。还需要加强法律实务的国际化与本土化相结合。在跨国法律事务中，需要熟练掌握和运用国际法律语言，以便交流和合作。在处理本土法律实务时，需要充分运用本土法律语言和文化资源，以确保法律适用的准确性和有效性。

在国际化与本土化的结合过程中，要避免盲目追求国际化而忽视本土化的现象。虽然国际化是法律语言发展的重要趋势，但本土化仍然是其不可或缺的一部分。不能因为追求国际化而丧失了对本土法律文化的尊重和传承。要避免过度依赖外来法律语言而忽视本土法律语言的创新和发展。借鉴外来法律语言有助于丰富本土法律语言，但过度依赖外来语言可能会导致本土法律语言的同质化和失去特色。在国际化与本土化的结合中，我们需要保持一种开放而审慎的态度，既要积极吸收外来优秀元素，又要注重本土法律语言的创新和发展。

综上，法律语言的基本特征体现在专业性、术语性、精确性、严谨性、规范性、标准性、庄重性、权威性、历史性、传承性以及国际化与本土化相结合等方面。这些特征共同构成了法律语言的独特魅力，使其在社会生活中发挥着不可替代的重要作用。因此，在学习和运用法律语言的过程中，我们应充分理解和把握这些基本特征，以更好地发挥法律语言的作用和价值。

第三节　法治思维与法律语言的关联

一、法治思维对法律语言的影响

法治思维与法律语言作为法治建设的两大基石，它们之间的关联深刻而紧密。法治思维是法律人的思维方式和行为准则，而法律语言则是法治思维的具体表达和载体。两者相互依存、相互促进，共同构成了法治社会的重要基础。法治思维对法律语言的影响深远且多面，它不仅塑造了法律语言的表达形式，更决定了法律语言的内在精神和价值导向。法治思维的核心在于规则至上、程序正义和权利保障，这些原则在法律语言的形成和使用中起到了至关重要的作用。

规则至上是法治思维的首要原则，它要求所有行为都必须遵循既定的规则，法律语言作为法律规则的重要载体，自然也不例外。规则至上原则在法律语言中的体现，首先在于其精确性和明确性。法律语言必须能够准确无误地表达法律规范的内容和要求，不能有任何模糊和歧义。这种精确性和明确性不仅有助于法律人准确理解法律规范，更有助于普通公民了解法律、遵守法律。为了达到这一要求，法律人在使用法律语言时，必须严谨、细致，对每一个词汇、每一个句子都要进行反复推敲，确保表达的准确性和清晰性。

程序正义是法治思维的又一重要原则，它要求法律程序必须是公正的、合法的，能够保障当事人的合法权益。这一原则在法律语言中的体现，主要在于其正当性和合法性。法律语言必须能够体现程序的正当性和合法性，让当事人在法律程序中感受到公平和正义。为此，法律人在制定和解释法律时，必须遵循一定的程序和规范，确保法律语言的公正性和权威性。这就要求法律人不仅具备扎实的法律知识和良好的职业素养，更要具备高尚的职业道德和强烈的正义感。

权利保障是法治思维的根本目的，它要求法律必须尊重和保障公民的权益。这一原则在法律语言中的体现，主要体现在对公民权利的尊重和保护。法律语言在表达法律规范和法律事实时，必须充分考虑公民的权利和利益，避免侵犯公民的合法权益。这就要求法律人在使用法律语言时，必须具备深厚的人文关怀和尊重人权的精神。他们需要在法律的严格性和人权的尊重性之间找到平衡，才能确保法律语言既能有效地维护社会秩序，又能充分地保障公民的权利。

法治思维对法律语言的影响还体现在其动态性和发展性上。随着社会的不断发展和进步，新的法律问题和法律需求不断涌现，这就要求法律语言必须能够适应这种变化，不断地进行更新和完善。法治思维要求法律人在使用法律语言时，必须保持开放的心态和创新的精神，勇于面对新的问题和挑战，积极探索新的表达方式和解决方案。法治思维还强调法律语言的普遍性和可预测性。普遍性意味着法律语言应当具有广泛的适用性和一致性，不因地域、文化或个人的差异而产生歧义。这要求法律人在表达法律概念和规范时，应尽可能使用通用、明确的词汇和句式，以确保法律语言能被普遍理解和接受。可预测性则要求法律语言能够为社会成员提供明确的行为预期，使他们能够根据法律规定预测自己和他人的行为后果。这有助于增强法律的确定性和稳定性，维护社会秩序和公共安全。

二、法律语言对法治思维的体现

法律语言作为法治思维的具体表达和载体，在多方面深刻体现了法治思维的核心要义。这种体现不仅在于法律语言的精确性和规范性，更在于其内在的逻辑性和对权利义务关系的深刻阐述。在法律语言中，专业术语和固定表达的使用，是法治思维严谨性和规范性的直接体现。这些术语和表达，经过历史的积淀和法律的实践，已经成为法律人共同遵守的规范。它们不仅精确界定了法律概念，还规范了法律人的表达方式和思维方式。每一个专业术语都有其特定的含义和用法，每一个固定表达都蕴含着特定的法律精神和原则。这种精确性和规范性，使得法律语言能够准确传达法治思维的要求，确保法律规范的正确实施。

法律语言的逻辑结构和推理方式体现了法治思维的逻辑性和理性。在法律语言中，无论是法律条文的制定，还是法律案件的审理，都必须遵循一定的逻辑规则和推理方法。这种逻辑性和理性，不仅保证了法律论证的严密性和合理性，更使得法律语言能够成为法治思维的有力工具。通过逻辑清晰的表达和推理，法律语言能够揭示法律规范的内在逻辑和关联，从而引导人们按照法治思维的方式去理解和运用法律。

更为重要的是，法律语言中的权利义务关系和法律责任规定，深刻体现了法治思维的权利保障和制约权力原则。在法律语言中，权利与义务是核心的概念，它们相互关联、相互制约，构成了法律关系的基石。通过明确权利与义务的关系，法律语言不仅保障了公民的权利，也规定了公民的义务，从而实现了权利与义务的平衡。法律责任的规定也是法治思维在法律语言中的重要体现。它通过对违法行为的惩罚和制裁，维护了法律的权威性和公正性，体现了法治思维对权力的制约和限制。

法律语言还通过其特有的修辞方式和语言风格，展现了法治思维的独特魅力。法律语言注重客观、中立和公正的表达，避免使用主观、情感化的词汇和句式。这种修辞方式不仅提升了法律语言的权威性和可信度，也体现了法治思维对客观性和公正性的追求。法律语言的精确性和明确性，也是法治思维的重要体现。法律语言要求每一个词汇、每一个句子都必须精确无误地表达法律规范和法律事实。这种精确性和明确性，有助于人们准确理解法律、遵守法律，也有助于法律人正确适用法律、解决法律纠纷。这种对精确性和明确性的追求，正是法治思维在法律语言中的具体体现。

值得一提的是，法律语言的发展和创新也体现了法治思维的开放性和进步性。随着社会的不断发展和变化，法律语言也在不断地进行更新和完善。新的法律概念、新的法律现象需要新的法律语言来表达和描述。这种发展和创新，使得法律语言能够更好地适应社会的需求，更好地体现法治思维的精神和原则。

三、法治思维与法律语言的互动关系

法治思维与法律语言之间的互动关系，是一种复杂而微妙的相互依存与制约的过程。这种关系不仅体现在法治思维对法律语言的塑造和引导上，也反映在法律语言对法治思维的规范和约束上。法治思维作为现代社会的核心价值观念，对法律语言的发展和创新起到了重要的推动作用。法治思维强调规则至上、程序正义和权利保障，这些原则在法律语言中得到了充分的体现。法治思维要求法律语言必须准确、明确，能够精确表达法律规范和法律事实。为了满足这一要求，法律语言需要不断地更新和丰富，以适应社会的发展和法治的进步。例如，随着科技的迅速发展，新兴的法律领域如数据保护、人工智能等不断涌现，那么法律语言需要与时俱进，创造新的术语和表达方式，以应对这些新的挑战。

法治思维还强调法律语言的逻辑性和严谨性。法律语言作为法律规范的载体，必须遵循一定的逻辑规则和推理方法，以确保法律论证的严密性和合理性。这种逻辑性和严谨性不仅是法治思维在法律语言中的体现，也是法律语言对法治思维的反哺。通过法律语言的逻辑表达，法治思维得以更加清晰、准确地传达给公众，从而增强了法治的权威性和公信力。然而，法治思维对法律语言的推动作用并非单向的。法律语言的规范性和权威性也对法治思维产生了重要的制约作用。法律语言作为法律人共同遵守的规范，具有明确的含义和固定的用法。这种规范性和权威性要求法律人在使用法律语言时必须遵循一定的规则和标准，不能随意解释和滥用。这种制约作用避免了主观臆断和随意解释，确保了法治思维的正确性和一致性。

法律语言的规范性和权威性还体现在对法律解释和适用的约束上。在法治社会中，法律解释和适用必须遵循法律语言的规范，不能偏离法律文本的原意。这种约束作用有助于维护法律的稳定性和连续性，防止法律被滥用或误用。通过法律语言的规范约束，法治思维能够在司法实践中得到有效贯彻和落实。法治思维与法律语言之间的互动关系还体现在法律教育和实践的各个环节中。在法律教育中，法治思维的培养需要借助法律语言的学习和运用。通过学习和掌握法律语言，学生不仅能够理解法律规范的内涵和要求，还能够培养自己的逻辑思维和判断能力，为未来的法律实践打下坚实的基础。而在法律实践中，法律人需要运用法治思维来分析和解决问题，同时也需要借助法律语言来表达自己的观点和主张。这种互动关系使得法治思维与法律语言在法律人的职业生涯中相互促进、共同成长。

法治思维通过推动法律语言的更新和丰富、强调逻辑性和严谨性等方式，对法律语言产生重要的影响。法律语言的规范性和权威性也对法治思维产生制约作用，确保法治思维的正确性和一致性。这种互动关系不仅有助于维护法治的权威性和公信力，也推动了法治社会的进步和发展。因此，我们应该深入研究和理解法治思维与法律语言之间的互动关系，以更好地发挥它们在现代社会中的作用和价值。

四、提升法治思维与法律语言能力的途径

提升法治思维与法律语言能力，是法治社会建设的核心要求，也是法律从业者专业素养的重要组成部分，需要多方面的共同努力和持续探索。

第一，法律教育和学习是提升法治思维与法律语言能力的基础。法律知识体系是构建法治思维的重要基石，而法律语言则是这一知识体系的主要载体。通过对法律的深入学习，法律从业者能够掌握法律术语的精确含义，理解法律规范的内在逻辑，进而形成正确的法治思维。法律教育还应注重培养学生的法律实践能力，让他们在实践中学会如何运用法律语言解决实际问题。这不仅包括法律条文的学习，还应包括法律案例分析、模拟法庭辩论等多种形式的教学活动。通过法

律教育，学生能够在实践中不断锻炼和提升自己的法治思维与法律语言能力。

第二，实践锻炼和经验积累是提升法治思维与法律语言能力的关键。法律是一门实践性很强的学科，只有将理论知识与实践相结合，才能真正提升法治思维与法律语言能力。法律从业者应积极参与各种法律实践活动，如法律咨询、案件代理、法律文件起草等，通过实践来检验和巩固所学的法律知识，从而提高自己的法律实务能力。此外，还应注重总结经验教训，从每一次实践中汲取养分，不断提升自己的法治思维和法律语言能力。

第三，交流与合作是提升法治思维与法律语言能力的重要途径。法律领域是一个开放的系统，需要不断地吸收新的思想、新的观念。通过与其他法律人和专业人士的交流与合作，可以拓宽视野、了解不同观点、学习先进经验。这种交流与合作不仅有助于提升个人的法治思维与法律语言能力，还能够推动整个法律行业的进步和发展。法律从业者应积极参与各种学术交流活动、研讨会、座谈会等，与同行们共同探讨法律问题、分享经验心得。

第四，阅读法律文献和案例研究是提升法治思维与法律语言能力的重要手段。法律文献和案例是法律知识和经验的宝库，通过阅读这些文献和案例，可以深入了解法律规范的适用情况和法律实践中的具体问题。阅读还可以拓宽法律视野，了解不同国家和地区的法律制度和法律文化，从而更好地挖掘法治思维与法律语言的精髓。

第五，注重跨学科学习和思考是提升法治思维与法律语言能力的重要途径。法治思维和法律语言能力不仅涉及法律知识本身，还涉及社会学、心理学、经济学等多个学科的知识。通过跨学科学习和思考，可以更加全面地了解法律现象和法律问题，形成更加深刻的法治思维。同时，跨学科学习还可以培养法律从业者的综合素质和创新能力，使其在法治建设中发挥更大的作用。

第六，不断提升个人素养和道德修养是提升法治思维与法律语言能力的重要内容。法律从业者作为法治建设的重要力量，其个人素养和道德修养直接关系到法治建设的质量和效果。因此，法律从业者应注重培养自己的道德情操和职业操守，遵守法律职业道德规范，树立良好的职业形象。

提升法治思维与法律语言能力是一个持续不断的过程，需要法律从业者不断学习、实践、交流与合作。通过加强法律教育和学习、注重实践锻炼和经验积累、加强交流与合作、阅读法律文献和案例研究、注重跨学科学习和思考以及提升个人素养和道德修养等多种途径，可以不断提升自身的法治思维与法律语言能力，为法治建设贡献自己的力量。法治思维与法律语言的关联是法治建设不可或缺的部分，它们相互依存、相互促进，共同构成了法治社会的重要基础。在推进法治建设的过程中，我们应充分认识和把握法治思维与法律语言之间的关联，不断提升法治思维与法律语言能力，为构建更加公正、公平、高效的法治社会贡献力量。

第二章 法律推理的基本原理与实践

/ **法律推理与证据规则**　逻辑推理在法律实务中的应用 /

第一节　法律推理的定义与分类

法律推理作为法律实践中的核心环节，是法律人运用法律知识和逻辑方法，对具体案件进行分析、判断并得出结论的过程。它不仅涉及对法律条文的解读与适用，更包括对案件事实的认定与证据的评估。法律推理的准确性和合理性，直接关系到法律适用的公正性和权威性。在法律推理的广阔领域中，存在着多种不同的推理类型。这些类型各有特点，适用于不同的法律情境和案件类型。

一、法律推理的定义

法律推理作为法律思维的核心组成部分，承载了法律适用的精确性与公正性之重任。它不仅是一个简单的逻辑推理过程，更是一个融合了逻辑分析、价值判断、对案件事实认定与分析的综合性思维活动。在深入探究法律推理的各个方面时，我们要对这一思维过程进行细致的剖析。

（一）逻辑分析

逻辑分析作为法律推理的基础，为整个推理过程提供了坚实的支撑。它要求推理者严格遵循形式逻辑的规则，确保推理的每一步都符合逻辑的严密性和一致性。在法律推理中，逻辑分析主要体现在对法律条文的解读与适用上。法律条文作为法律推理的起点，是推理者进行逻辑推理的基础。推理者需要通过对法律条文的精确理解，把握其内涵和外延，进而确定其在具体案件中的适用范围。逻辑分析还要求推理者根据案件事实，运用归纳、演绎、类比等逻辑方法，推导出符合法律规定的结论。这一过程要求推理者保持清晰的思维脉络，避免逻辑上的跳跃和矛盾。

（二）价值判断

逻辑分析并非法律推理的全部。价值判断作为法律推理的核心，同样具有不可忽视的地位。价值判断是推理者在逻辑推理的基础上，根据法律的价值取向和社会公正原则，对案件事实和法律规定进行深入剖析和评判的过程。它要求推理者不仅要关注法律条文的字面意义，更要关注其背后的价值追求和社会意义。在价值判断的过程中，推理者需要权衡各种利益关系，考虑案件处理的社会效果，确保法律适用的公正性和合理性。

在法律推理中，价值判断的重要性体现在多个方面。一是价值判断有助于弥补法律条文的不足。法律条文往往具有一定的抽象性和概括性，难以涵盖所有具体案件的情况。在这种情况下，推理者需要借助价值判断，根据法律的价值取向和社会公正原则，对案件事实进行深入的剖析和评判，从而得出符合实际情况的法律结论。二是价值判断有助于实现法律的规范作用和社会功能。法律不仅是一种行为规范，更是一种价值导向。通过价值判断，推理者可以将法律的价值追求融入具体案件的处理中，从而实现法律的规范作用和社会功能。三是价值判断有助于提升公众对法律的理解和认同，增强法律的权威性和公信力。在进行价值判断时，推理者需要遵循一定的原则和标准，尊重法律的价值取向和基本原则，才能确保价值判断与法律规定相一致。此外，推理者还应当充分考虑案件的具体情况和社会背景，避免脱离实际的价值判断，同时应当保持客观公正的态度，避免个人偏见和情感因素对价值判断的影响。

（三）对案件事实的认定与分析

除了逻辑分析和价值判断，法律推理还涉及对案件事实的认定与分析。案件事实是法律推理的基础之一，是推理者进行逻辑推理和价值判断的前提，因此对案件事实的认定与分析至关重要。推理者需要通过对证据的收集、审查和认定，确定案件的基本事实，进而为逻辑推理和价值判断提供基础。在认定案件事实的过程中，推理者需要遵循证据规则，确保证据的合法性和真实性；还需要运用逻辑推理的方法，对证据进行综合分析，确定案件事实。此外，在对案件事实进行分析时，推理者需要充分考虑各种可能影响事实认定的因素，如证据的可靠性、证人的可信度等，才能确保案件事实的认定准确无误。

二、法律推理的特点

（一）法律推理的思维功能是论辩性推理

在法律实践中，法律推理作为法律从业者进行法律决策和解释的基本工具，其思维功能主要表现为论辩性推理。这种论辩性推理不仅涉及对法律条文的解读，更涉及对法律条文背后的原则、精神和价值的深入探讨，为法律决策提供坚实的理论支撑。法律条文往往具有抽象性和普遍性，而具体案件则具有多样性和复杂性。法律条文在适用过程中常常存在模糊和不确定等问题，论辩性推理正是针对这些问题展开深入剖析的过程。通过论辩，法律从业者能够发现法律条文中的模糊点，进而探讨其背后的立法意图和法律精神。这种探讨有助于澄清法律条文的含义，减少法律适用的歧义，从而确保法律决策的准确性和公正性。

在法律实践中，不同的法律从业者往往持有不同的法律观点。这些观点的差异可能源于对法律条文的不同理解，也可能源于对案件事实的不同认识。论辩性推理为这些不同观点提供了一个交流和碰撞的平台。通过论辩，法律从业者可以充分表达自己的观点，同时也可以倾听和理解他人的观点。这种交流和碰撞有助于形成更加全面、客观的法律认识，推动法律实践的不断进步。论辩性推理要求法律从业者具备扎实的法律基础知识、敏锐的逻辑思维能力和丰富的实践经验。在论辩过程中，法律从业者需要不断运用法律知识、分析案件事实、提出合理假设、进行逻辑推理等。这些过程不仅能够提升法律从业者的专业素养和综合能力，还能够培养他们的创新思维和批判精神。通过不断的论辩实践，法律从业者可以更加熟练地掌握法律推理的技巧和方法，从而为更好地履行法律职责提供有力保障。

论辩性推理不仅关注具体案件的解决，更关注法律制度的完善与发展。在论辩过程中，法律从业者可能会发现现行法律制度中存在的不足和漏洞。通过深入剖析这些问题，他们可以提出改进和完善法律制度的建议。这些建议可能涉及法律条文的修改、法律原则的更新或法律制度的创新等方面。这些建议的提出和实施，有助于推动法律制度的不断完善和发展，从而更好地适应社会变化和发展需求。论辩性推理通过公开、透明的方式展示法律决策的过程和依据，增强了公众对法律决策的认同感和信任度。在论辩过程中，法律从业者需要充分阐述自己的理由和依据，同时也要接受他人的质疑和挑战。这种公开、透明的论辩过程有助于消除公众对法律决策的疑虑和误解，增强他们对法律决策的信任和支持。论辩性推理也有助于提高公众的法律意识和法律素养，推动法治文化的形成和发展。

（二）法律推理的总体思维模式属于演绎论证模式

法律推理作为法律实践中的核心环节，其总体思维模式主要表现为演绎论证模式。这种思维模式以既定的法律原则、法律规则为出发点，通过逻辑推理，推导出具体的法律结论。它确保了法律适用的准确性和一致性，为法律从业者提供了有力的决策依据。演绎论证模式强调从一般到特殊的推理过程，即从普遍适用的法律原则、法律规则出发，推导出适用于具体案件的法律结论。这种推理方式确保了法律适用的准确性。法律原则和法律规则作为法律推理的基石，具有普遍性和稳定性。通过演绎论证，法律从业者可以将这些普遍适用的法律原则、法律规则应用于具体案件，从而得出符合法律精神和法律价值的结论。这种推理方式避免了主观臆断和随意解释，确保了法律适用的客观性和准确性。

演绎论证模式强调逻辑推理的严密性和一致性。在演绎论证过程中，法律从业者需要遵循严格的逻辑规则，确保推理过程的连贯性和一致性。这种一致性不仅体现在单个案件的处理上，也体现在类似案件的处理上。通过演绎论证，法律从业者可以确保类似案件得到类似处理，避免了法律适用的不公正和歧视。这种一致性有助于维护法律的权威性和公信力，促进法治社会的形成和发展。演绎论证模式具有明确的推理步骤和清晰的推理结构，有助于法律从业者迅速把握案件的关键问题，快速进行推理和判断。通过演绎论证，法律从业者可以迅速确定案件事实和相关法律条文，分析法律条文所蕴含的法律原则和法律规则，并将这些原则和规则应用于具体案件。这种高效的推理方式有助于法律从业者快速作出决策，提高法律工作的效率和质量。

（三）法律推理的逻辑结构是形式逻辑推理与辩论推理的综合运用

在法律实践中，法律推理作为法律决策和解释的核心环节，其逻辑结构表现为形式逻辑推理与辩论推理的综合运用。这种综合运用不仅确保了法律推理的逻辑严密性，也赋予了其内容的合理性和公正性。形式逻辑推理是法律推理的基础，它关注推理的形式结构是否符合逻辑规则。在法律推理过程中，形式逻辑推理主要体现在对法律条文的逻辑分析和对案件事实的逻辑归纳上。通过对法律条文进行逻辑分析，法律从业者能够明确法律规则之间的逻辑关系，从而确定适用的法律规则。通过对案件事实进行逻辑归纳，法律从业者能够提炼出案件的关键要素，为法律推理提供坚实的事实基础。形式逻辑推理的运用确保了法律推理的规范性和准确性。它要求法律从业者在推理过程中遵循逻辑规则，避免出现逻辑错误或矛盾。通过构建这种逻辑框架，形式逻辑推理为法律推理提供了清晰的思路和方法，使得法律推理更具可操作性和可预测性。

辩论推理是法律推理的另一重要组成部分，它注重推理的内容实质，即推理所依据的前提和结论是否合理、公正。在法律推理过程中，辩论推理主要体现在对法律原则、法律精神和法律价值的深入探讨上。通过辩论推理，法律从业者能够全面、深入地理解法律问题，从而得出符合法律精神和法律价值的结论。辩论推理的运用使得法律推理更具深度和广度。它要求法律从业者在推理过程中充分考虑各种法律观点和利益诉求，通过辩论和讨论，寻求最合理、最公正的法律解释和解决方案。这种推理方式不仅有助于法律从业者发现法律条文中的模糊和不确定之处，还能够推动法律制度的完善和发展。

在法律推理过程中，形式逻辑推理和辩论推理并不是孤立存在，而是相互补充、相互促进的。形式逻辑推理为辩论推理提供了基本的逻辑框架和规则，确保辩论推理能够在有序、规范的基础上进行。而辩论推理则通过深入剖析法律问题、探讨法律原则和法律价值，为形式逻辑推理提供了丰富的实质性内容。通过这种综合运用，法律推理能既保证了推理的逻辑严密性，又确保了推理内容的合理性和公正性；不仅符合逻辑规则，还能够体现法律精神和法律价值，为法律决策提供坚实的理论支撑。

形式逻辑推理与辩论推理的综合运用，还有助于提升法律推理的准确性和说服力。形式逻辑推理确保推理过程的严谨性和逻辑性，避免了推理中出现谬误和漏洞。而辩论推理则通过深入剖析和充分论证，使得推理结论更加合理、公正，具有更强的说服力。因此，这种综合运用还能够提升法律推理的透明度和可预测性。通过明确推理的逻辑结构和内容实质，法律从业者能够向公众清晰地展示推理过程和依据，从而增强公众对法律决策的信任度和认同感。此外，形式逻辑推理与辩论推理的综合运用，也为法律推理的创新发展提供了动力。在面对复杂多变的法律问题时，法律从业者可以灵活运用这两种推理方式，探索新的推理方法和路径。这种创新性的法律推理不仅能够解决当前法律问题，还能够推动法律制度的进步和发展。

（四）法律推理的推理功能表现为一种实践推理

法律推理的推理功能在法律实践中表现得尤为突出，它不仅是一种理论上的逻辑推理，而且是一种实践推理。实践推理强调推理的实际应用性和问题解决能力，即推理是否能够有效地解决具体法律问题、实现法律目标。实践推理在法律推理中的首要功能是帮助法律从业者准确理解和适用法律条文。法律条文是法律推理的基础，但往往具有抽象性和普遍性，难以直接适用于具体案件。通过实践推理，法律从业者可以深入分析法律条文的内涵和外延，理解其立法意图和法律精神，从而将其准确应用于具体案件。这种推理过程需要法律从业者具备丰富的法律知识和实践经验，灵活运用各种推理方法和技巧，可能确保法律适用的准确性和公正性。

在法律实践中，常常会遇到一些复杂疑难的法律问题，这些问题可能涉及法律条文的解释、法律原则的适用或法律制度的创新等多个方面。实践推理在解决这些疑难问题中发挥着重要作用。通过实践推理，法律从业者可以综合运用各种法律知识和推理方法，对问题进行深入剖析和探讨，从而提出合理的解决方案。这种推理过程需要法律从业者具备创新思维和批判精神，勇于面对挑战和尝试新的思路和方法，推动法律实践的不断进步。实践推理不仅关注具体案件的解决，还关注法律制度的完善与发展。在实践推理过程中，法律从业者可能会发现现行法律制度中存在的不足和漏洞。这些不足和漏洞可能表现为法律条文的模糊性、法律规则的滞后性或法律制度的缺陷等。通过实践推理，法律从业者可以对这些问题进行深入分析和探讨，提出改进和完善法律制度的建议。这些建议可能涉及法律条文的修改、法律规则的更新或法律制度的创新等，有助于推动法律制度的不断完善和发展。

实践推理还具有引导公众形成正确的法律观念和价值观的功能。在法律实践中，法律从业者的推理过程和结论往往会对公众产生一定的影响。通过实践推理，法律从业者可以向公众展示法律推理的过程和依据，解释法律条文和法律原则的含义和应用，引导公众正确理解和遵守法律。这种引导过程有助于增强公众的法律意识，提升法律素养，推动法治文化的形成和发展。实践推理也有助于增强公众对法律制度的信任和尊重，提高法律的社会认可度和权威性。

实践推理在法律推理中的最后一个功能是推动法治实践的创新与发展。随着社会的不断发展和变化，法律实践面临着新的挑战和问题。实践推理鼓励法律从业者积极应对这些挑战和问题，探索新的法律适用方法和解决方案。通过实践推理，法律从业者可以不断总结经验教训，创新法律思维和方法，推动法治实践的不断创新和发展。这种创新和发展不仅有助于解决当前存在的法律问题，也为未来的法律实践提供了宝贵的经验和启示。

三、法律推理的重要性

法律推理的首要任务是确保法律适用的准确性。在法律实践中，法律条文往往具有抽象性和普遍性，而具体案件则具有多样性和复杂性。法官、律师等法律从业者需要通过法律推理，将抽象的法律条文与具体的案件事实相结合，从而得出准确的法律结论。这种推理过程要求法律从业者深入理解法律条文的含义和精神，同时全面考虑案件事实的具体情况，确保法律适用的准确性和合理性。法律推理是维护社会公平正义的重要手段。在法律实践中，法律推理通过逻辑分析和价值判断，确保了法律决策的公正性和合理性。通过合理的法律推理，法律从业者可以平衡各方利益，保护弱势群体的合法权益，防止权力滥用和腐败现象的发生。

法律推理在推动法律制度的完善和发展方面发挥着重要作用。通过法律推理，法律从业者可以发现法律条文中的漏洞和不足，提出改进和完善法律制度的建议。法律推理也有助于法律制度的创新和发展，推动法律制度适应社会变化和发展需求。在司法实践中，一些具有创新性的法律推理案例往往能够成为推动法律制度变革的重要力量。

法律推理对于提高法律从业者的专业素养具有重要意义。法律推理要求法律从业者具备扎实的法律基础知识、敏锐的逻辑思维能力和丰富的实践经验。通过不断的法律推理实践，法律从业者可以不断提升自己的专业素养和综合能力，更好地适应法律实践的需求。法律推理也有助于培养法律从业者的职业道德和责任意识，推动他们更加公正、公平地履行法律职责。

法律推理在促进法治文化的形成和发展方面也发挥着重要作用。法治文化提倡一种尊重法律、信仰法律、遵守法律的文化氛围。法律推理，可以引导公众形成正确的法律观念和价值观，增强对法律的认同感和信任度。法律推理也有助于推动社会各界共同参与法治建设，营造全社会共同维护法治秩序的良好氛围。这种文化氛围的形成和发展，将进一步推动法治建设的深入进行。在全球化背景下，国际法律交流与合作日益频繁。法律推理作为一种通用的法律思维工具，在国际法律交流中发挥着桥梁和纽带的作用。不同国家的法律从业者可以共同分析法律问题、探讨法律解决方案，促进国际法律规则的统一和协调。法律推理也有助于提升我国在国际法律领域的话语权和影响力，为我国在国际舞台上维护国家利益提供有力支持。

第二节　法律推理的逻辑结构

法律推理作为法律适用中的关键环节，对法律从业者而言，不仅是其进行法律分析和决策的基础，更是保障法律适用公正、合理、统一的重要工具。在这一过程中，法律推理的逻辑结构尤为关键。它要求法律从业者深入理解和运用法律条文、原则及精神，确保法律适用的准确性。对案件事实的准确认定和逻辑分析也是法律推理不可或缺的部分，只有通过对案件事实的细致梳理和严谨分析，才能确保法律推理的结果既符合法律规定，又贴近案件实际。法律推理的逻辑结构不仅体现了法律从业者的专业素养，更是法律适用公正、合理、统一的重要保障。

一、法律推理逻辑结构的基本要素

（一）前提

法律推理作为法律实践中的核心活动，其起点便是前提。前提，即法律推理的出发点和基础，为法律推理提供了必要的依据和条件。在法律推理中，前提主要包括法律规范和案件事实两部分，这两部分相互关联、相互影响，共同构成了法律推理的基础。法律规范是法律推理的法律依据。法律规范是由国家制定或认可、具有普遍约束力的行为规则。它包括宪法、法律、行政法规、地方性法规、自治条例和单行条例、规章、司法解释等具有法律效力的规范性文件。这些法律规范为法律推理提供了明确的标准和指引，使得法律推理能够在法律的框架内进行。在法律推理中，法律从业者需要深入理解和把握法律规范的内容和精神，将其作为法律推理的出发点和依据，确保法律推理结果的合法性和正当性。

案件事实是法律推理的客观基础。案件事实是指与争议问题相关的、已经发生或正在发生的客观情况。它包括当事人的主张、证据材料以及法院认定的事实等。案件事实是法律推理的出发点和依据，没有案件事实，法律推理就无从谈起。在法律推理中，法律从业者需要全面、客观地收集和分析案件事实，确保案件事实的准确性和完整性。他们还需要根据案件事实，结合法律规范，进行逻辑推理和判断，从而得出符合法律精神和法律价值的结论。

法律规范与案件事实在法律推理中相互关联、相互作用。法律规范为案件事实提供了判断的标准和依据，而案件事实则是法律规范得以适用的具体对象和场景。在法律推理中，法律从业者需要不断在法律规范与案件事实之间进行权衡和取舍，寻找二者之间的最佳契合点。这种契合点的寻找过程，实际上就是对法律规范的解释和适用过程，也是对案件事实的认定和判断过程。值得注意的是，前提的确定并非一蹴而就。在法律推理中，前提的确定往往需要经历复杂的调查和论证过程。对于法律规范的适用，法律从业者需要对其进行深入的理解和解释；对于案件事实的认定，则需要通过证据的收集、审查和判断来实现。这些过程都需要法律从业者具备扎实的法律功底、敏锐的洞察力和严谨的逻辑思维能力。

（二）推理规则

在法律推理中，推理规则扮演着至关重要的角色，它如同桥梁一般连接着前提与结论，确保法律推理的连贯性与合理性。推理规则不仅为法律从业者提供了清晰的思维框架，还确保了法律适用的准确性和一致性。

1. 形式逻辑规则

形式逻辑规则是法律推理的基础，为法律从业者提供了基本的思维框架和推理方法。其中，演绎推理、归纳推理和类比推理是法律推理中最为常用的形式逻辑规则。演绎推理是从一般原则或规则出发，推导出个别案件结论的推理方法。在法律推理中，演绎推理通常表现为三段论的形式，即大前提（法律规范）、小前提（案件事实）和结论（法律决定）。通过演绎推理，法律从业者可以确保法律适用的准确性和严密性。归纳推理是从个别案件出发，概括出一般原则或规则的推理方法。在法律推理中，归纳推理有助于发现新的法律原则或规则，推动法律制度的完善和发展。然而，归纳推理的结论并不具有必然性，因此在使用时需要谨慎。类比推理是通过比较相似案件，推导出当前案件结论的推理方法。在法律推理中，类比推理有助于解决法律空白或模糊不清的问题，为法律从业者提供有价值的参考。然而，类比推理的准确性依赖于所选案例的相似性和可比性，因此在使用时需要谨慎选择案例。

2. 法律解释规则

法律解释规则是对法律规范进行解释和适用的具体方法，确保法律规范的正确理解和适用。常见的法律解释规则包括文义解释、体系解释、历史解释等。文义解释是法律解释的基本方法，它要求按照法律条文的字面意义进行解释。文义解释确保了法律适用的客观性和稳定性，但也可能导致法律从业者对法律条文的僵化理解。因此，在使用文义解释时，需要结合其他解释方法，综合考虑法律条文的内在含义和立法目的。体系解释指的是将法律规范置于整个法律体系中进行解释。它要求考虑不同法律规范之间的关系，确保法律适用的协调性和一致性。通过体系解释，法律从业者可以揭示法律规范之间的内在联系和逻辑关系，为法律适用提供全面的指导。历史解释是指结合法律规范的历史背景进行解释。它要求考虑法律规范制定时的社会背景、立法意图和目的等因素，以确保法律适用的准确性和合理性。历史解释有助于揭示法律规范的立法初衷和演变过程，为法律适用提供有益的参考。

（三）结论

结论是法律推理的结果，由法律从业者根据前提和推理规则得出的法律判断或法律决定。在法律实践中，结论的准确性和合理性对于维护法律秩序、保障公平正义至关重要。在法律推理中，结论的首要要求是遵守法律规范。这要求结论必须依据法律条文、法律原则和法律精神进行推导，不能违背法律的基本规定和价值取向。法律从业者在进行推理时，必须深入理解和把握法律规范，确保结论的合法性和合规性。结论还需要符合法律逻辑的要求，即推理过程必须严谨、连贯，不能出现逻辑上的错误或矛盾。

结论的得出离不开对案件事实的准确认定。法律从业者在进行推理时，必须充分收集和审查案件证据，对案件事实进行全面、客观的分析和判断。只有在对案件事实有清晰、准确的认识的基础上，才能得出符合实际情况的结论。结论的准确性和可靠性直接取决于对案件事实的认定程度。结论的得出要求法律从业者对案件涉及的法律问题、法律关系进行深入剖析，运用法律知识和逻辑推理能力，对案件进行全面、系统的分析。这种分析应当基于事实、依据法律，既要考虑案件的具体情况，也要考虑法律的普遍适用性。通过合理分析，法律从业者能够找出案件的关键问题，为结论的得出提供有力支持。

结论作为法律推理的结果,具有权威性和约束力。结论一旦成立,即成为法律决策的依据,对当事人产生法律上的约束力。结论的准确性和公正性对于维护法律秩序、保障当事人权益具有重要意义。法律从业者必须认真对待结论的推导过程,确保结论的权威性和公信力。结论的得出不仅可以解决当前案件,推动法律实践的发展,也可以为类似案件的处理提供借鉴和参考,提高法律实践的效率和准确性。

二、法律推理逻辑结构的运行过程

(一) 认定案件事实

在法律推理中,认定案件事实是一项至关重要的任务。它不仅是法律推理的起点,也是确保法律决策准确性和公正性的基石。认定案件事实的过程涉及对当事人主张的梳理、对证据材料的审查以及对案件事实的归纳和总结,每一步都要遵循客观、公正、全面的原则。在认定案件事实的过程中,首先要对当事人的主张进行梳理,包括听取双方当事人的陈述,理解他们的诉求和争议焦点。这就要求法律从业者仔细分析当事人的主张,明确他们的权利要求、事实依据和法律依据,初步了解案件的基本情况,为后续的事实认定打下基础。

审查证据材料是认定案件事实的核心环节。在审查证据材料的过程中,法律从业者一是要全面收集与案件相关的证据,包括书证、物证、证人证言、视听资料等。在审查证据时,法律从业者需要运用专业知识,对证据的真实性、合法性和关联性进行判断。二是要注意证据的完整性和充分性,确保所有与案件事实相关的证据都被充分考虑。三是要特别注意排除非法证据。非法证据是指通过非法手段获取的证据,如刑讯逼供、非法搜查等。这些证据不仅不能作为认定案件事实的依据,还可能损害当事人的合法权益。因此,法律从业者要严格审查证据的合法性,对非法证据予以排除。

在梳理当事人主张和审查证据材料的基础上,法律从业者对案件事实进行归纳和总结,包括确定案件的基本事实、争议焦点和关键证据。通过归纳和总结,法律从业者可以形成一个清晰的、完整的案件事实框架,为后续的法律推理和决策提供依据。

在认定案件事实的过程中，法律从业者必须始终遵循客观、公正、全面的原则。客观性要求法律从业者以事实为依据，避免主观臆断和偏见；公正性要求法律从业者公平对待双方当事人，不偏不倚地认定案件事实；全面性则要求法律从业者全面考虑所有与案件事实相关的证据和情况，确保案件事实的完整性和准确性。除此之外，法律从业者还需要运用逻辑推理和专业知识来认定案件事实，一方面，逻辑推理可以帮助法律从业者从纷繁复杂的证据中提炼出关键信息，形成合理的推断和结论；另一方面，专业知识可以帮助法律从业者更好地理解案件涉及的法律问题和法律关系，为事实认定提供有力的支持。

（二）选择适用的法律规范

在法律推理中，选择适用的法律规范尤为重要。它直接关系到法律推理的准确性、公正性和合法性。在认定案件事实的基础上，法律从业者需要根据案件的性质和涉及的法律关系，仔细选择并适用恰当的法律规范。解释法律规范是选择适用的法律规范的首要步骤。法律条文往往具有抽象性和概括性，需要法律从业者根据案件的具体情况进行解释和具体化。在解释法律规范时，法律从业者应当遵循法律文本的原意，结合法律精神和立法目的，确保解释的准确性和合理性。法律从业者还可以参考相关的司法解释、学理解释等，以丰富和完善对法律规范的解释。

在选择适用的法律规范时，法律从业者首先要明确该规范的适用范围，包括确定规范适用的主体、客体、时间和空间范围等。其次要仔细分析案件的性质和涉及的法律关系，判断案件是否属于该规范的调整范围。最后要考虑规范适用的条件和限制，确保适用的准确性和合法性。在法律体系中，不同的法律规范之间可能存在冲突和矛盾。当多个法律规范适用同一案件时，法律从业者要妥善处理这些冲突和矛盾，确保法律适用的统一性和协调性。值得注意的是，在处理法律规范之间的冲突时，法律从业者要依据法律位阶原则、特别法优于一般法原则、新法优于旧法原则等，确定规范的优先适用顺序；还要考虑案件的具体情况和社会公共利益，进行综合分析和判断。

在选择适用的法律规范时，法律从业者还需要考虑规范的实效性和可操作性。有些法律规范虽然存在，但由于其过于抽象或缺乏具体的实施措施，可能难以在实际案件中得到有效应用。在这种情况下，法律从业者需要选择那些具有明确指导意义和实施措施的法律规范，以确保法律推理的实效性和可操作性。随着社会的不断发展和法律制度的不断完善，法律规范体系也在不断更新和完善。法律从业者要密切关注法律规范的变动和更新情况，及时学习和掌握新的法律规范，以适应法律实践的需求；还要积极参与法律规范的制定和修改过程，为完善法律规范体系贡献智慧和力量。

（三）运用推理规则进行推理

在法律推理中，选择适用的法律规范之后，接下来的关键步骤是运用推理规则进行推理。这一环节不仅涉及形式逻辑的运用，还包含对法律规范的解释和适用，因此要求法律从业者具备严谨的逻辑思维和深厚的法律素养。

演绎推理是从一般到特殊的推理过程，即从已知的一般性前提推导出特殊性结论。在法律推理中，演绎推理是最常用的推理方式之一。法律从业者需要将选定的法律规范作为大前提，将案件事实作为小前提，通过逻辑推理得出符合法律规范要求的结论。在运用演绎推理时，必须确保大前提的准确性和小前提的真实性，以避免推理错误。

归纳推理是从特殊到一般的推理过程，即通过观察和总结个别性事实，得出一般性结论。在法律推理中，归纳推理常用于从具体案件中提炼出一般性法律原则或规则。法律从业者可以通过分析多个类似案件的处理结果，归纳出适用于该类案件的一般性法律规范。这种推理方式有助于丰富和完善法律体系，提高法律适用的灵活性和准确性。

类比推理是通过比较不同事物之间的相似性，从一个已知事物推断出另一个未知事物的性质或规律。在法律推理中，类比推理常用于处理新型案件或疑难案件。当现有法律规范无法直接适用于某一案件时，法律从业者可以寻找与该案件类似的其他案件或情境，借鉴其处理方式和结果，进行类比推理。

这种推理方式有助于解决法律空白和不确定性问题，保障法律的公正性和合理性。

在运用推理规则进行推理的过程中，一方面，法律从业者要遵循法律解释规则。法律解释规则是对法律规范进行解释和适用的指导性原则，有助于确保解释的准确性和一致性。法律从业者应当依据文义解释、体系解释、历史解释、目的解释等方法，对法律规范进行全面、客观的解释和适用，但要注意避免过度解释或歪曲解释，确保解释结果符合法律规范的原意和立法目的。另一方面，法律从业者应当注重逻辑推理的严密性和合理性，在推理过程中保持清晰的思维逻辑，确保推理步骤的连贯性和一致性，同时要对推理过程中可能出现的错误和偏差及时进行识别和纠正，确保推理结果的准确性和可靠性。

（四）得出法律结论

在法律推理过程中，得出法律结论至关重要。它是对案件事实、适用的法律规范以及推理规则的综合运用和体现，直接关系到法律决策的准确性和公正性。法律结论的形成是建立在对案件事实的准确认定、适用的法律规范的选择以及推理规则的运用之上。在认定案件事实的基础上，法律从业者需要根据案件的性质和涉及的法律关系，选择适用的法律规范，并运用演绎、归纳、类比等推理规则进行推理。通过逻辑推理，法律从业者逐渐形成一个符合法律规范要求的初步结论。这个初步结论是对案件事实和法律规范的解读，是法律结论的雏形。

得出初步的法律结论后，法律从业者还需要对其进行审查和验证。审查的目的是确保法律结论的准确性和合法性，避免出现错误或偏差。验证则是通过比较不同推理路径和结论的一致性，以及参考类似案例的处理结果，来检验法律结论的合理性和可行性。在审查和验证过程中，法律从业者需要综合运用法律知识、逻辑推理能力和实践经验，确保法律结论的严谨性和可靠性。法律结论作为法律推理的结果，必须符合法律规范的要求，与适用的法律规范相一致，体现法律规范的立法目的和精神。形成的法律结论不能违背法律的基本原则和价值取向，不能超越法律的适用范围和限制条件。法律结论还应当符合法律语言的准确性和规范性,避免使用模糊、歧义或不当的表述方式。

　　法律结论的形成必须基于对案件事实的准确认定和合理分析。法律从业者需要仔细审查案件事实,确保案件事实的真实性、完整性和关联性。在认定案件事实的基础上,法律从业者还需要对事实进行逻辑分析和法律评价,揭示案件事实与法律规范之间的内在联系和逻辑关系。法律结论应当是对案件事实的合理解读和阐释,能够反映案件的真实情况和法律性质。除了符合法律规范的要求,法律结论还应当符合法律精神和社会公正的要求。法律精神是法律制度的灵魂和核心,它体现了法律的价值追求和社会共识。法律结论应当体现法律精神的基本原则和价值导向,符合社会的公序良俗和道德标准。法律结论还应当考虑社会公正的要求,保护当事人的合法权益,维护社会的公平和正义。在得出法律结论时,法律从业者需要综合考虑案件的具体情况和社会影响,确保结论的公正性和合理性。

三、法律推理的逻辑结构的意义与局限

　　法律推理的逻辑结构在法律适用过程中扮演着至关重要的角色,其意义不仅在于确保法律适用的公正性、合理性和统一性,更在于提高法律适用的效率和质量。法律推理的逻辑结构提高了法律适用的公正性。通过明确的逻辑结构,法律从业者能够在处理案件时遵循一定的规则和程序,避免主观臆断和随意性,从而确保法律适用的公正性和客观性。逻辑结构能够提高法律适用的合理性和统一性。在法律推理中,逻辑结构要求法律从业者从案件事实出发,依据法律规范进行推理,得出符合逻辑的结论。这种推理过程能够确保法律适用的合理性,同时也有助于实现法律适用的统一性,避免同类案件出现不同的处理结果的情况。

　　逻辑结构还能提高法律适用的效率和质量。通过清晰的逻辑链条和严谨的推理过程,法律从业者能够更快地找到问题的关键所在,提出有效的解决方案,从而提高法律适用的效率。同时,逻辑结构的运用也有助于提高法律适用的质量,使法律结论更加准确、可靠和具有说服力。

尽管法律推理的逻辑结构具有重要意义，但也存在一些局限性。法律规范和案件事实的复杂性可能导致逻辑结构的运用受到限制。在现实生活中，法律规范往往具有抽象性和概括性，而案件事实则具有多样性和具体性。这使得在某些情况下，法律从业者难以将案件事实完全使用逻辑结构进行推理，导致推理过程出现困难或偏差。法律从业者在法律推理的过程中可能受到主观因素的影响。法律从业者作为推理的主体，其个人偏见、情感倾向、价值观念等都可能对推理过程产生影响。这种主观性可能导致推理结果偏离客观事实或法律规范，从而影响法律适用的公正性和准确性。

法律推理的逻辑结构可能无法涵盖所有法律适用的情况和问题。随着社会的不断发展和变化，新型、复杂或疑难案件不断涌现，这些案件往往涉及复杂的法律关系和社会问题，难以用传统的逻辑结构进行推理。在这种情况下，法律从业者需要更加灵活和创新地运用推理方法，以适应不断变化和发展的法律实践需求。针对法律推理逻辑结构的局限性，可以采取下面几个措施进行克服和完善。

一是加强法律从业者的专业素养和逻辑思维能力的培养。通过接受系统的法律教育和培训，法律从业者可以提高对法律规范和案件事实的理解能力，增强逻辑思维能力，从而更好地运用逻辑结构进行推理。

二是注重实践经验的积累和总结。法律推理是一门实践性很强的学科，通过不断积累和总结实践经验，法律从业者可以更加熟练地运用逻辑结构进行推理，提高推理的准确性和效率。

三是积极探索新的推理方法和技巧。随着社会的发展和法律实践的变化，需要不断创新和完善法律推理的方法和技巧，以适应新型、复杂或疑难案件的处理需求。例如，可以借鉴其他学科的研究方法和成果，引入新的推理工具和技术手段，以提高法律推理的效率和准确性。法律推理的逻辑结构是法律适用过程中的重要基础和保障。通过深入理解和运用逻辑结构的基本原理和实践方法，法律从业者可以更好地进行法律分析和决策，推动法律适用的公正、合理和统一；同时要不断反思和完善逻辑结构的应用方式，以应对日益复杂多变的法律实践挑战。

第三节　法律推理的实践应用

一、司法实践中的法律推理

法律推理作为法律适用的核心环节，不仅是法律思维的重要组成部分，也是法律实践中不可或缺的工具。在司法实践、法律解释、案件分析和立法活动中，法律推理发挥着至关重要的作用。在司法实践中，法律推理是法官裁判案件的基本方法。法官在审理案件时，需要根据事实和法律进行逻辑推理，从而得出公正、合理的裁判结果。

（一）事实认定与法律适用的逻辑推理

事实认定与法律适用的逻辑推理是法官在审理案件时不可或缺的重要步骤。这一过程不仅要求法官具备扎实的法律知识和丰富的实践经验，还要求他们运用严谨的逻辑推理能力，确保案件事实与法律规范的紧密结合。事实认定是法官审理案件的首要任务，它涉及对案件相关证据的收集、审查和判断。法官要全面、客观地收集与案件有关的证据，以确保证据的真实性和完整性，并对收集到的证据进行逐一审查，排除与案件无关或不合法的证据。在审查的基础上，法官要运用逻辑推理能力，对证据进行综合判断，形成对案件事实的准确认定。

在事实认定的基础上，法官要运用演绎推理、归纳推理和类比推理等方法，将案件事实与法律规范相结合。演绎推理是从一般到特殊的推理过程，法官通过将案件事实与法律规范进行匹配，得出具体的法律结论。归纳推理则是从特殊到一般的推理过程，法官通过总结类似案件的处理经验，提炼出适用于本案的法律原则。类比推理则是通过比较不同案件之间的相似性，借鉴类似案件的处理方式，得出适用于本案的法律结论。

在法律适用过程中，逻辑推理同样扮演着重要的角色。法官在运用演绎、归纳、类比等推理方法时，需要保持清晰的思维逻辑，确保推理步骤的连贯性和一致性。通过逻辑推理，法官能够将案件事实与法律规范紧密结合，从而得出符合法律精神和社会公正要求的法律结论。逻辑推理在司法实践中的意义在于确保案件审理的公正性和准确性。通过严谨的逻辑推理，法官能够避免主观臆断，确保案件事实的客观性和法律适用的准确性。逻辑推理还有助于提高司法效率，减少不必要的争议和纠纷，维护社会的和谐稳定。

（二）法律解释与漏洞填补的法律推理

法律解释与漏洞填补的法律推理是法官在审理案件时面临的重要任务之一。当法律规范存在不明确、模糊或漏洞时，法官需要运用法律推理，通过解释和补充法律规范，确保法律的正确适用。这一过程不仅要求法官具备深厚的法律知识和丰富的实践经验，还要求他们具备灵活的思维和逻辑推理能力。

在法律解释过程中，法官需要运用多种解释方法，如目的解释、文义解释、体系解释等。目的解释是根据法律规范的立法目的和宗旨来解释其含义，确保法律规范的适用符合立法意图。文义解释则是依据法律条文的字面意义进行解释，避免超出文字本身的含义范围。体系解释则是将法律规范置于整个法律体系中进行解释，考虑其与其他法律规范的关联性和协调性。法官在运用这些解释方法时，要综合考虑案件的具体情况、法律规范的背景和立法精神，确保解释结果的合理性和准确性。

在法律体系中，由于法律的滞后性和无法完全预见性，法律规范难免存在漏洞。这些漏洞可能导致法官在适用法律时面临困难，甚至无法找到明确的法律依据。此时，法官要运用法律推理，对法律规范进行补充和完善，填补这些漏洞。只有这样，可能确保法律规范的完整性和适应性，为法官审理案件提供有力的法律依据。

在漏洞填补的过程中，逻辑推理同样发挥着不可或缺的作用。法官需要通过逻辑推理，分析法律规范的内在逻辑和结构，找出可能的漏洞和缺陷。然后，结合案件的具体情况和立法精神，提出合理的填补方案。这些方案不仅要能够弥补法律规范的不足，还要保持与现有法律体系的协调和一致。逻辑推理的运用可以确保漏洞填补的合法性和合理性，避免产生新的法律冲突和矛盾。

法律解释与漏洞填补的法律推理具有重要的实践意义，不仅能够确保法律的正确适用和公正裁判，还能够推动法律体系的不断完善和发展。通过合理的法律解释和漏洞填补，法官能够解决复杂多变的案件问题，维护社会的公平和正义。同时为立法者提供宝贵的经验和参考，促进法律制度的进步和完善。

（三）裁判结果的逻辑推理与论证

裁判结果的逻辑推理与论证是法官在审理案件后的重要任务，它不仅确保了裁判结果的合法性和合理性，还增强了裁判结果的说服力和公信力，从而维护司法公正，提升司法权威。逻辑推理是形成裁判结果的基础和核心。法官在得出裁判结果之前，需要运用演绎推理、归纳推理、类比推理等多种逻辑方法，将案件事实与法律规范相结合，推导出具体的结论。逻辑推理的运用能够确保裁判结果的逻辑严密性和内在一致性，避免出现逻辑错误或矛盾。论证裁判结果是法官审理案件的必然要求。通过论证，法官能够向当事人和社会公众说明裁判结果的合法性和合理性，解答可能存在的疑问和异议。论证不仅有助于增强裁判结果的说服力，还能够树立司法权威，提升司法公信力。

裁判结果的论证内容主要包括案件事实的认定、法律适用的理由以及结论的推导过程。法官不仅要对案件事实进行详细的梳理和分析，阐述事实认定的依据和理由，还要解释法律适用的原则和标准，说明裁判结论与法律规范之间的逻辑关系。在论证方法上，法官可以采用事实论证、法律论证、逻辑论证等多种方式，综合运用各种证据和资料，形成完整、严密的论证体系。

在论证过程中，法官一方面要保持高度的逻辑严密性，确保论证前提的真实性和准确性，避免的虚假或未经证实的信息作为论证基础；另一方面要遵循逻辑规则，确保推理步骤的连贯性和一致性，避免出现逻辑跳跃或矛盾。此外，法官还需要注意论证的充分性和完整性，确保所有相关事实和法律问题都得到充分的讨论和解释。

通过充分的逻辑推理和论证，法官能够增强裁判结果的说服力和公信力。一个逻辑严密、论证充分的裁判结果不仅能够让当事人信服，还能够得到社会公众的认可和支持。这有助于提升司法权威，维护司法公正，促进社会的和谐稳定。良好的论证效果还能够提升法官的个人形象和职业素养，增强法官在公众心中的信任度和尊重度。

二、法律解释中的法律推理

法律解释中的法律推理是法律适用过程中不可或缺的一环。法律解释旨在阐明法律规范的具体含义和适用范围，而法律推理则在这一过程中发挥着关键作用。通过法律推理，可以深入挖掘法律规范的内在逻辑和价值取向，消除歧义，确保法律规范的准确适用。法律解释是对法律规范进行理解和阐释的过程，而法律推理则是这一过程的基础。法律推理通过运用形式逻辑和实质逻辑，对法律规范进行分析和推理，从而揭示其内在含义和适用范围。在法律解释中，法律推理不仅是解释法律规范的重要手段，更是确保法律适用准确性和一致性的关键。

法律规范在表述上可能存在一定的歧义和模糊性，可能会导致法律适用的不确定性。而法律推理通过运用演绎、归纳、类比等推理方法，对法律规范进行解释和阐明，有助于消除歧义，明确法律规范的适用范围和条件。通过法律推理，法官可以更加准确地理解和适用法律规范，确保法律适用的公正性和合理性。法律规范往往蕴含着内在的逻辑关系和价值取向。法律推理通过深入分析法律规范的条文结构、逻辑关系和价值导向，揭示其内在逻辑和价值取向。这有助于法官更加深入地理解法律规范的本质和目的，从而更好地指导法律适用。通过法律推理，法官可以发现法律规范之间的联系和差异，为法律解释提供更加全面和深入的视角。

法律规范并非一成不变，它随着社会的发展和变迁而不断演进。法律推理在解释法律规范时，要充分考虑社会现实的变化和需求。通过法律推理，可以评估法律规范是否适应当前的社会环境，是否需要进行调整和完善。法律推理在平衡法律规范与社会现实的关系中起着重要作用，有助于实现法律的与时俱进和适应性发展。法律解释中的法律推理有助于促进法律适用的统一性和一致性。通过运用相同的推理方法和标准，不同的法律从业者可以对同一法律规范进行相似的解释和适用。这有助于减少法律适用中的主观性和任意性，确保法律适用的公正性和稳定性。法律推理还可以为类似案件的处理提供借鉴和参考，提高法律适用的效率和准确性。

三、案件分析中的法律推理

在案件分析中，法律推理不仅是法律从业者必备的核心技能，更是确保案件处理公正、准确和高效的关键环节。通过深入剖析案件事实，厘清法律关系，并运用恰当的推理方法，法律从业者能够揭示案件的本质特征，为案件决策提供有力的法律支撑。案件分析的首要任务是梳理案件事实和法律关系。法律从业者不仅需要仔细研读案件材料，全面了解案件的发生、发展和结果，确保对案件事实有清晰、准确的把握；还需对案件涉及的法律关系进行深入剖析，明确各方当事人的权利义务关系，以及案件所涉及的法律规范。只有通过对案件事实和法律关系的梳理，才能为后续的法律推理奠定坚实基础。

在案件分析中，法律推理方法的运用至关重要。常见的法律推理方法包括演绎推理、归纳推理和类比推理等。演绎推理适用于将普遍适用的法律规范应用于具体案件事实，归纳推理则有助于从具体案件中提炼出一般性法律原则，类比推理有助于找出解决新问题的途径。实践中，法律从业者要根据案件的具体情况，选择恰当的推理方法，确保推理结果的准确性和合理性。在推理过程中，法律从业者要对案件事实进行逻辑分析和法律评价，探究案件背后的法律关系、法律原则和法律价值。通过对案件本质的揭示，法律从业者才能更准确地把握案件的关键问题，为案件处理提供有针对性的建议。此外，对案件特征的总结也有助于吸取案件处理的经验教训，为类似案件的处理提供借鉴和参考。

法律推理在案件分析中的应用，最终目的是为案件处理提供有力的法律支持。可以通过以下七种方式提供法律支持。

一是通过对案件事实和法律关系的深入分析，以及运用恰当的推理方法，法律从业者能够提出符合法律规范要求的处理建议。这些建议不仅有助于解决案件纠纷，为司法实践提供有益的指导。

二是法律推理的严密性和合理性有助于提升案件处理的公信力和权威性，增强公众对司法制度的信任和支持。

三是法律推理的应用有助于提升案件处理的效率和准确性。通过运用逻辑推理方法，法律从业者能够更快速地找到案件的关键点和难点，提出有针对性的解决方案。

四是法律推理的严谨性有助于避免在处理案件过程中出现错误或遗漏，确保案件处理的准确性和公正性。

五是通过法律推理对案件进行深入分析，为司法实践提供有益的反思和改进空间，推动司法制度的不断完善和发展。法律推理在案件分析中的应用还具有重要的借鉴和参考价值。

六是通过对具体案件的法律推理过程进行总结和提炼，可以形成一系列具有普遍适用性的法律原则和规范。这些原则和规范不仅为类似案件的处理提供了有益的参考，还为法律制度的完善和发展提供了重要的理论支持。

七是通过分享和交流案件分析中的法律推理经验和方法，促进法律从业者之间的学习和进步，提升整个法律行业的专业水平和素养。

四、立法活动中的法律推理

立法活动作为国家法律体系构建的核心环节，其重要性不言而喻。在这一过程中，法律推理的运用不仅关系到立法的质量，更直接影响到法律实施的效果和社会秩序的稳定。立法者通过法律推理，对立法目的、立法原则、立法内容等进行深入分析和论证，确保立法的科学性、合理性和可操作性。

立法活动的首要任务是明确立法目的。立法目的不仅是立法的出发点，也是立法活动的归宿。通过法律推理，立法者可以对立法目的进行深入的剖析和论证，确保立法目的符合社会发展的需要，体现人民的意志和利益。法律推理在这一过程中起到了桥梁和纽带的作用，它连接了立法者的主观意志与客观社会现实，使得立法目的更加明确、具体和可行。

立法原则是立法活动的基本准则，它贯穿于整个立法过程，对立法内容的选择和安排起着指导作用。法律推理在立法原则的确定中同样发挥着重要作用。立法者需要运用法律推理，对现有的法律原则进行梳理和分析，结合社会发展和法律实施的需要，提出符合实际情况的立法原则。通过法律推理，立法原则得以系统化、理论化，为立法活动提供了坚实的理论支撑。

立法内容是立法活动的核心，它直接关系到法律的质量和效果。在构建立法内容时，法律推理的运用至关重要。立法者需要运用演绎推理、归纳推理等方法，对相关的法律概念、法律关系进行梳理和分析，提出具体的法律条款和制度设计。立法者还需要运用类比推理等方法，借鉴其他国家和地区的立法经验，为我国的立法活动提供有益的参考。通过法律推理，立法内容得以科学、合理、全面地构建，为法律实施提供了有力的保障。

在立法活动中，不同法律之间的冲突和矛盾是不可避免的。法律推理是解决这些冲突和矛盾的重要手段。立法者需要运用法律推理，对相互冲突的法律规范进行分析和比较，找出它们之间的共同点和差异点，提出合理的解决方案。通过法律推理，不同法律之间的冲突和矛盾得以化解，法律体系的统一和完整得以维护。立法活动不仅是对现有社会关系的调整，更是对未来社会发展的预见和规划。法律推理在立法预测与评估中同样发挥着重要作用。立法者可以运用法律推理，对立法实施后可能产生的社会效果进行预测和评估，从而及时发现和解决潜在的问题，提高立法的针对性和实效性。法律推理还有助于立法者把握未来社会发展趋势，为制定具有前瞻性的法律提供有力支持。法律推理的运用，还能有效提升立法活动的专业性和权威性。立法者通过运用专业的法律推理技巧和方法，能够展现出对法律问题的深入理解和独到见解，从而提升立法活动的专业水平。法律推理的严谨性和逻辑性，也有助于增强立法内容的可信度和说服力，提升立法的权威性。

第三章 证据规则与证据分析

第一节 证据规则概述

一、证据规则的基本概念

在现代诉讼中，证据占据着至关重要的地位，它是诉讼证明的基石，是认定案件事实的依据。案件事实的认定，必须建立在扎实的证据基础之上。因此，诉讼证明实际上是一个严谨而精细的过程，它要求我们运用证据去探寻已经发生的案件事实真相。然而，在我国，尽管证据在诉讼中的作用日益凸显，但尚未形成单独的证据法。近年来，证据规则问题已成为我国学术界研究的热点，众多学者从不同角度对其进行深入的探讨。

关于证据规则的定义，学者们观点各异。有的学者认为，从狭义上讲，证据规则主要是指确认某一证据材料是否具备证据能力的法律要求。而从广义上界定，证据规则涵盖了司法活动中证明过程的方方面面。在司法活动中，证明是通过运用证据资料，按照思维逻辑判断某种事实真相的过程。为了防止主观臆断，确保判断的准确性，对于证据的取舍与运用，必须受到某些规则的制约。这些规则在法律上的体现，即为广义上的证规则，包括规定证据收集、证据运用和证据判断的法律准则。

另有学者也将证据规则分为广义与狭义两种。从狭义上讲，证据规则专指证据的可采性规则，即哪些证据可以在法庭上被采纳和使用。而从广义上讲，证据规则是指收集证据和运用证据的规范与准则，它涵盖了从证据的收集、举证、质证到认证的整个过程。还有学者认为，我国的证据规则应当考虑多个方面的内容，包括证据资格方面的规则、证据证明价值方面的规则、拒绝作证权方面的规则、举证和质证等程序方面的规则以及排除非法证据的规则等。这些规则共同构成了我国证据规则体系的基本框架。

同时，也有学者从应然体系的角度对证据规则进行了划分，认为证据规则应当包括举证规则、认证规则、举证责任规则以及质证规则四项规则。这些规则相互关联、相互制约，共同构成了证据规则体系的核心内容。此外，还有学者从证据的收集、保管、采用、排除以及举证和质证等方面对证据规则进行了详细的阐述。他们认为，证据规则应当是一套完整的规范体系，它应当对证据的各个环节都进行明确的规定和约束，以确保证据的真实性和合法性。

从世界范围来看，证据规则在英美法系国家更为发达。自1290年英国明文规定禁止"神明裁判"以来，诉讼制度逐渐走上了与欧洲大陆不同的道路。随着审判方式的变化及各种证据在审判中日益频繁使用，一系列证据规则逐渐产生并开始发展，最终形成了一套繁杂而完善的证据规则体系。这可以说是英美法系国家自身诉讼制度演变的必然结果。在这些国家，学者们对证据规则的理解主要侧重于证据本身的可采性，研究的是与诉讼规则密切相关却并行不悖的证据规则。在证据法学相对独立于实体法学和诉讼法学的情况下，他们更加关注证据规则本身的问题。

反观我国近期对证据规则的关注、很大程度上是由审判方式改革引起的。随着我国审判方式改革的深入推进，在职权主义诉讼模式的基础上，逐渐吸收、借鉴当事人主义的合理因素，这就要求对当事人的取证、举证、质证等活动进行规范，明确制定证据规则以实现公平对抗。可以说，我国的证据规则从一开始就与审判方式改革紧密相连。因此，我国学者在研究证据规则时，更加注重规范证据的运行过程，认为证据规则是贯穿证据的收集、审查和评价整个过程的具有操作性的程序性准则。他们通常在诉讼法学的框架下探讨证据规则问题，将其视为诉讼规则或程序规则的一部分。

二、证据规则的主要内容

（一）证据的收集规则

证据的收集规则是诉讼活动中至关重要的环节，必须严格遵守合法、公正、客观、全面、充分的原则，以确保所收集的证据具有合法性、真实性和有效性。

1. 合法性原则

合法性原则是证据收集的首要原则。在收集证据时，当事人和司法机关必须遵守法律法规的规定，不得采用非法手段获取证据。不得侵犯他人的合法权益，如隐私权、财产权等；不得使用暴力、威胁、欺骗等不正当手段获取证据；遵守诉讼程序的规定，如不得在未经许可的情况下擅自搜查、扣押、冻结证据等。遵守合法性原则，有助于保障证据的合法性，避免因非法证据导致案件结果失真。

2. 公正性原则

公正性原则要求证据收集过程中保持中立和公正，不得偏袒任何一方当事人。司法机关在收集证据时，应当客观、公正地审查各种证据材料，不得因个人情感、偏见或其他非客观因素而影响证据的收集和认定。同时，当事人也应遵循公正性原则，如实提供证据材料，不得伪造、篡改或隐匿证据。遵守公正性原则，有助于确保案件处理的公正性和公平性。

3. 客观性原则

客观性原则强调证据收集应当基于客观事实，不受主观臆断和偏见的影响。司法机关和当事人应当客观地分析、判断证据的真实性和关联性，不得因个人情感、利益或其他主观因素而歪曲或篡改证据。同时，还应注重证据的客观性检验，如通过鉴定、勘验等手段验证证据的真实性和准确性。遵守客观性原则，有助于确保所收集的证据真实、准确，为案件事实的认定提供有力支持。

4. 全面性原则

全面性原则要求证据的收集应当全面、详尽，不得遗漏对案件事实有重要影响的证据。在收集证据时，应当充分考虑案件的性质、特点和争议焦点，有针对性地收集与案件事实相关的各种证据材料，包括书证、物证、证人证言、视听资料等多种形式的证据。还应注意收集直接证据和间接证据，以形成完整的证据链，为案件事实的认定提供充分依据。遵守全面性原则，有助于确保证据的完整性和全面性，避免因证据不足或遗漏而导致案件事实认定不清。

5. 充分性原则

充分性原则强调证据的收集应当充分满足案件事实认定的需要。在收集证据时，应当注重证据的数量和质量，确保所收集的证据能够充分证明案件事实。这要求司法机关和当事人在收集证据时，要充分考虑证据的关联性和证明力，选择具有代表性、关键性的证据进行收集。还应注重证据的充分性检验，如通过逻辑推理、对比分析等手段验证证据的充分性和可靠性。遵守充分性原则，有助于保障证据的充分性和有效性，为案件事实的认定提供有力支持。

(二) 证据的审查规则

证据的审查规则在司法实践中具有举足轻重的地位，审查证据不仅是对证据真实性的检验，更是对司法公正性的保障。证据的审查必须严格遵循法定程序，这是确保证据审查公正、合法的基础。司法机关在审查证据时，应当依据法律法规的规定，按照规定的步骤和方法进行。这包括证据的提交、接收、登记、保管、出示、质证和认证等环节，每一个环节都必须严格遵循法定程序，不得有任何违规操作。遵循法定程序进行审查，可以确保证据的审查过程公开、透明，防止司法权力的滥用和误用。

证据的真实性是证据审查的核心内容。司法机关在审查证据时，应当对证据的来源、内容、形式等方面进行严格的核实和鉴别。对于可能存在疑问的证据，应当通过调查、勘验、鉴定等手段进行核实，以确保其真实性。对于明显虚假或伪造的证据，应当予以排除，不得作为认定案件事实的依据。真实性的审查是确保案件事实认定的基础，也是维护司法公正的重要保障。

合法性审查是对证据是否符合法律规定进行评判的过程。司法机关在审查证据时，应当检查证据的收集、保全和出示等环节是否符合法律程序，是否存在侵犯当事人合法权益的情况。还需审查证据是否符合法定的证据种类和形式要求。对于非法证据，应当予以排除，避免其影响案件事实的认定。合法性审查旨在保障当事人的合法权益，维护司法程序的正当性。

关联性审查是判断证据与案件事实之间是否存在逻辑关系的过程。司法机关在审查证据时，应当分析证据与案件事实的关联程度，判断证据是否能够证明案件事实的存在或不存在。对于与案件事实无关或关联性较弱的证据，应当予以排除，避免其干扰案件事实的认定。关联性审查有助于聚焦案件核心事实，提高司法效率。

相互印证是证据审查中的重要原则。司法机关在审查证据时，应当注重证据之间的相互印证，即多个证据之间是否能够相互支持、相互补充，形成完整的证据链。通过相互印证，可以增强证据的可信度和说服力，提高案件事实认定的准确性。对于存在矛盾或无法相互印证的证据，应当进行深入分析和研判，找出原因并作出合理解释。

逻辑关系审查是对证据之间内在联系的深入分析。司法机关在审查证据时，应当关注证据之间的逻辑关系，判断证据之间是否存在因果、条件、并列等关系。通过逻辑关系审查，可以揭示案件事实的内在规律和联系，为案件事实的认定提供有力支持。对于逻辑关系混乱或无法解释的证据，应当进行进一步核实和审查，确保案件事实的准确性和完整性。

（三）证据的认定规则

证据的认定规则是司法活动中至关重要的环节，它直接关系到案件事实的认定和法律责任的判定。在证据的认定过程中，司法机关需要综合考虑证据的来源、形式、内容以及与其他证据的关系等因素，对证据的证明力和证明价值进行客观、公正的评估。

在认定证据时，司法机关应当全面评估证据的真实性、合法性、关联性以及证明力。这要求司法机关不仅要审查单个证据的质量，还要分析多个证据之间的相互关系，从而形成完整的证据链条。司法机关应当考虑证据的来源是否可靠，证据的形式是否合法，以及证据内容是否与案件事实具有直接关联。通过全面评估证据，可以确保认定的案件事实具有充分的证据支持。

疑罪从无原则是指在证据不足或存在合理怀疑的情况下，应当认定被告人无罪。这一原则体现了对被告人权益的保护和对司法公正的尊重。在认定证据时，如果证据不足以支持对被告人的定罪，或者存在其他合理怀疑，司法机关应当遵循疑罪从无原则，宣告被告人无罪。这有助于防止冤假错案的发生，维护司法公正和权威。

重证据轻口供原则是指在认定案件事实时，应当以客观证据为主，以口供为辅。这一原则强调了对客观证据的依赖和对口供的审慎对待。在司法实践中，口供往往受到多种因素的影响，如被告人的心理状态、记忆能力等，因此其真实性难以保证。相比之下，客观证据如物证、书证等更具稳定性和可靠性。在认定证据时，司法机关应当更加注重客观证据的收集和分析，同时审慎对待口供，避免过度依赖口供导致认定结果的不准确。

在证据的认定过程中，司法机关应当严格排除非法证据。非法证据是指通过非法手段获取的证据，如刑讯逼供、非法搜查等。这些证据不仅侵犯了当事人的合法权益，而且其真实性也无法得到保障。在认定证据时，司法机关应当严格审查证据的合法性，一旦发现证据存在非法性，应当予以排除，不得作为认定案件事实的依据。这有助于维护当事人的合法权益和司法公正。

证据的认定最终目的是确保案件事实的准确认定。在认定证据时，司法机关应当遵循客观、公正、全面的原则，对证据进行综合分析和判断。司法机关还应当注意避免主观臆断和偏见的影响，确保认定的案件事实符合客观事实。对于存在争议的案件事实，司法机关应当通过深入调查和审理，充分听取各方意见和证据，最终作出准确、公正的认定。

在证据的认定过程中，司法机关还需考虑证据之间的合理性和一致性。合理性是指证据之间应当存在逻辑上的联系和合理性，能够相互印证和支持。一致性则是指多个证据在内容上应当保持一致，没有相互矛盾或冲突的地方。如果证据之间存在不合理性或不一致性，司法机关应当进行深入分析和调查，以确定是否存在其他因素影响了证据的真实性和可靠性。

（四）证据的使用规则

证据的使用规则在司法活动中具有至关重要的地位，它关乎案件事实的准确认定和法律责任的恰当判定。司法机关在使用证据时，必须遵循法定程序，确保证据使用的合法性、公正性和公开性。证据的使用还应注重其说服力和公信力，以维护司法裁判的权威性和社会公信力。

证据的使用必须严格遵循法定程序，这是确保司法公正和裁判权威性的基础。司法机关在使用证据时，应当按照法律法规规定的程序进行，包括证据的提交、审查、认定和采用等环节。任何违反法定程序的证据使用行为都可能导致裁判结果的无效，损害司法公信力。因此司法机关必须严格遵守法定程序，确保证据使用的合法性和规范性。

司法机关在使用证据时，必须确保所使用的证据具有合法性和真实性。合法性是指证据的来源和收集方式必须符合法律规定，不存在违法行为或程序瑕疵。真实性是指证据所反映的事实必须真实可靠，不存在虚假或误导性内容。司法机关应当对所使用的证据进行严格的审查和认定，排除非法证据和虚假证据，确保所使用的证据具有合法性和真实性。

证据的说服力是指证据能够使人信服并接受其所证明的事实。司法机关在使用证据时，应当注重证据的说服力，选择具有充分证明力和说服力的证据来支持裁判结果。这就要求司法机关在审查认定证据时，要充分考虑证据的证明价值和证明力，排除无关紧要和证明力弱的证据，确保所使用的证据能够形成完整的证据链，有力支持裁判结果。

由于不同的证据在案件中的权重和证明力可能不同，司法机关在使用证据时，应当充分考虑各种证据的权重和证明力，进行合理的权衡和判断。对于直接证据和间接证据、原始证据和传来证据等不同类型的证据，司法机关应当根据其性质、来源和证明力等因素进行综合评估，确定其在案件中的作用和地位。对于相互矛盾或不一致的证据，司法机关应当进行深入分析和比较，找出真相并作出合理的判断。

公开透明是司法活动的基本原则之一，也是证据使用的重要规则。司法机关在使用证据时，应当坚持公开透明的原则，确保当事人和社会公众能够了解证据的使用情况和裁判依据。这要求司法机关在案件审理过程中，及时公开证据的收集、审查、认定和采用等情况，保障当事人对证据提出异议和申请重新鉴定等权利。裁判文书应当详细阐述证据的使用情况和裁判理由，使社会公众能够理解和接受裁判结果。

证据使用的最终目的是确保裁判结果的公正性。司法机关在使用证据时，应当以事实为根据，以法律为准绳，确保裁判结果符合客观事实和法律规定。司法机关还应当注重保护当事人的合法权益，避免因证据使用不当导致当事人权益受损。

三、证据规则的作用与意义

证据规则在司法实践中发挥着至关重要的作用，不仅影响案件的审理过程和结果，更对法治社会的进步和公正产生深远影响。证据规则的首要作用在于规范当事人的诉讼行为。在诉讼过程中，当事人为了维护自身权益，往往会采取各种手段来收集和使用证据。然而，如果没有明确的证据规则加以约束，当事人可能会采用非法手段获取证据，或者滥用诉讼权利，导致诉讼秩序的混乱和司法公正的受损。证据规则通过规定证据的收集、审查、认定和使用等方面的标准和程序，为当事人的诉讼行为提供了明确的指引和约束，从而确保诉讼行为的合法性和规范性。

证据规则的核心意义在于保障司法公正。在司法活动中，证据是认定案件事实的基础和关键。如果证据的使用不受规则约束，那么司法裁判就可能受到主观臆断、偏见或其他非法因素的影响，导致裁判结果的错误或不公。证据规则通过确保证据使用的合法性、真实性和公正性，为司法裁判提供了坚实的证据基础，从而保障司法裁判的公正性和权威性。证据规则在提高诉讼效率方面也发挥着重要作用。在诉讼过程中，如果当事人对证据的收集和使用没有明确的规则指引，那么可能会出现大量的无效证据或争议证据，导致诉讼过程的拖延和成本的增加。而证据规则通过规定证据的收集范围、审查标准和认定程序等，能确保当事人有针对性地收集和使用证据，减少无效证据的产生和争议证据的出现，从而加快诉讼进程，提高诉讼效率。

证据规则对于维护社会稳定也具有重要意义。司法活动是社会秩序的维护者，而证据规则则是司法活动的重要保障。通过遵循证据规则，司法机关能够公正、准确地认定案件事实，作出公正的裁判，从而维护社会的公平正义和稳定秩序。证据规则还能够防止当事人滥用诉讼权利或采取非法手段解决纠纷，减少社会矛盾和冲突的发生，进一步维护社会的和谐稳定。

证据规则在推动法治进步方面发挥着不可或缺的作用。法治社会要求司法活动必须依法进行，而证据规则正是司法活动依法进行的重要保障之一。通过不断完善和发展证据规则，司法活动逐渐走向规范化、制度化和科学化，从而提高司法质量和效率。证据规则还能够促进法治文化的传播和普及，提高公众对法治的认同感和信任度，从而推动整个社会的法治进步。证据规则的存在确保了裁判结果的客观性。在司法过程中，法官或人民陪审员依据证据来认定事实，如果缺乏明确的证据规则，裁决过程可能会受到主观偏见、情感因素或其他非证据因素的影响。严格的证据规则要求法官或人民陪审员仅依据符合规定的证据进行事实认定，从而确保了裁判结果的客观性。

四、证据规则的完善与发展

随着社会的不断进步和法治建设的持续深化，证据规则作为司法活动中至关重要的组成部分，也在不断地完善与发展。这不仅是司法实践的现实需求，也是法治进步的必然体现。在完善证据规则的过程中，首要考虑的是如何更好地保护当事人的合法权益。这包括确保当事人能够充分、有效地收集和使用证据，防止非法证据的使用，以及保障当事人在证据收集和使用过程中的知情权、参与权和救济权。为此，我们需要进一步完善证据收集的程序，加强对证据合法性的审查，明确非法证据的排除标准，并建立健全当事人权益保障机制。

非法证据的使用是司法公正的大敌，完善证据规则必须加大对非法证据的排除和制裁力度。需要明确非法证据的范围和认定标准，确保非法证据在司法活动中得到及时排除。对于故意制造、使用非法证据的当事人或诉讼代理人，应依法追究其法律责任，以起到震慑和警示作用。随着科技的快速发展，越来越多的技术手段被应用于司法活动中。在证据规则的发展过程中，我们应充分利用科技手段，如利用大数据、人工智能等技术手段，对证据进行智能化分析和处理，提高证据审查的效率和准确性；利用远程视频、电子数据等技术手段，为当事人收集和提交证据提供便利，降低诉讼成本。

在全球化的背景下,跨国诉讼和国际司法合作日益增多,这要求我们在完善证据规则时,更加注重与国际接轨,实现统一化。我们应借鉴国际先进的证据规则理念和制度,结合我国的实际情况,制定出既符合国际通行做法又适合我国国情的证据规则。加强与其他国家和地区的司法合作,推动证据规则的国际化进程。证据规则作为司法活动中的重要规范,其有效实施离不开公众的广泛参与和支持。我们应加强对证据规则的宣传和普及工作,提高公众对证据规则的认识和理解水平。通过举办讲座、编写普法读物、开展媒体宣传等多种形式,向公众普及证据规则的基本知识和重要作用,引导公众正确理解和使用证据规则,为构建公正、高效、权威的司法体系营造良好的社会氛围。

第二节　证据收集与审查

一、证据收集的原则

（一）合法性原则

合法性原则在证据收集活动中,不仅是确保司法公正、维护当事人权益的重要保障,更是法治社会建设不可或缺的一环。合法性原则的首要内容是确保证据收集主体的合法性。在司法实践中,只有具备法定资格的机关或人员才能进行证据收集工作。这些主体包括公安机关、检察机关、审判机关以及经法律授权的其他机关或人员。他们的职责和权力在法律中有明确规定,必须依法行使,不得超越或滥用。这种主体合法性的要求,旨在确保证据收集活动的权威性和公信力,防止非法主体介入导致证据失真或滥用。

合法性原则要求证据收集手段必须合法。这意味着在收集证据的过程中,必须使用法律允许的方法和手段,不得采用非法手段或侵犯当事人合法权益的方式。例如:不得使用暴力、威胁、引诱、欺骗等非法手段获取口供或物证;不得侵犯当事人的隐私权、通信自由等合法权益。这些约束旨在保障当事人的合法权益，防止因非法手段导致证据污染或无效。

合法性原则还强调证据收集过程，包括收集证据的时机、地点、方式以及证据的保管、移送等各个环节，都必须遵循法律的规定。例如：在刑事侦查中，侦查机关必须按照法定程序进行勘验、检查、搜查、扣押等取证活动；在民事诉讼中，当事人申请调查取证或法院依职权调查取证时，也必须遵循法定程序。只有程序合法性，才能确保证据收集活动的规范性和公正性，防止因程序瑕疵导致证据失效或争议。

（二）真实性原则

真实性原则是证据收集活动中的重要原则之一，它强调收集到的证据必须真实可靠，能够客观地反映案件事实。这一原则在司法实践中具有重要意义，确保了裁判结果的公正性和准确性。真实性原则首先要求尽可能收集原始证据。原始证据是指直接来源于案件事实，未经加工、改变或复制的证据。它保留了案件事实的直接痕迹或原始状态，因此具有最高的真实性和可信度。在收集证据时，应优先考虑获取原始证据，如现场勘查笔录、原始物证、原始书证等。这些证据能够最直接、最真实地反映案件事实，为裁判提供有力支持。

真实性原则严格禁止收集篡改或伪造的证据。篡改或伪造的证据是指人为改变证据的内容、形式或性质，使其失去真实性或误导裁判的证据。这种证据不仅不能反映案件事实，反而可能导致裁判结果的错误。因此，在收集证据时，应严格审查证据的来源和真实性，确保所收集的证据未经篡改或伪造。对于疑似篡改或伪造的证据，应进行深入的调查和核实，必要时可借助专业技术手段进行鉴定。真实性原则要求对收集到的证据进行严格的核实和鉴别。核实证据是指对证据的来源、内容、形式等进行审查，确保其真实性和完整性。鉴别证据是指对证据的真伪、可靠性进行评估，排除虚假或误导性证据。在核实和鉴别证据时，应综合运用逻辑推理、经验判断、科学鉴定等方法，确保所使用的证据真实可靠。

真实性原则还强调证据的相互印证。相互印证的证据是指多个证据在内容上相互支持、相互印证，共同指向同一案件事实。这种证据关系能够增强证据的关联性和可信度，有助于裁判者形成对案件事实的准确认定。在收集证据时，应注重收集能够相互印证的证据，形成完整的证据链。为了确保证据的真实性，真实性原则还强调加强证据的保管和使用监督。在证据保管方面，应建立严格的证据保管制度，确保证据在收集、存储、运输等过程中不受损坏或篡改。在证据使用方面，应建立监督机制，对证据的使用过程进行全程监控，防止证据被滥用或误用。对于违反证据真实性原则的行为，应依法追究相关人员的法律责任。

（三）关联性原则

关联性原则在证据收集活动中，要求收集到的证据必须与案件事实紧密相连，能够有效地证明案件事实的存在或不存在。这一原则对于确保司法公正、提高诉讼效率以及维护当事人合法权益具有重要意义。

关联性原则的首要要求是证据必须与案件事实具有直接关联。这意味着所收集的证据应当能够直接指向案件的核心问题，揭示案件事实的本质和真相。在收集证据时，应根据案件的具体情况，有针对性地选择那些与案件事实紧密相关的证据，避免收集与案件无关或关联性不强的证据。

关联性不仅要求证据与案件事实在形式上有所关联，更要求这种关联具有实质性。实质性关联是指证据能够实质性地证明案件事实的存在或不存在，而不仅是表面上的关联。形式性关联虽然可能在某些情况下对案件事实有所启示，但如果没有实质性关联，那么这些证据对于案件的认定和裁决将不会产生实质性影响。

关联性原则还强调关联性的强度与证据的证明力之间的关系。证据的关联性越强，其证明力就越大，越能够有效地证明案件事实。在收集证据时，应努力寻找那些与案件事实关联性强、证明力大的证据，以便为案件的认定和裁决提供有力支持。

关联性原则要求我们在收集证据时，避免收集那些与案件事实无关紧要的证据。这些证据不仅无法对案件事实的认定产生实质性影响，还可能增加诉讼成本、延误诉讼进程。因此，办案人员在收集证据时，应仔细甄别、审慎选择，确保所收集的证据都是与案件事实紧密相关的。

关联性原则的应用并不是一成不变的，它需要根据案件的具体情况灵活应用，因为不同的案件类型、不同的案件事实可能需要不同类型的证据来证明。例如，在某些特殊情况下，一些看似与案件事实无关的证据可能实际上具有潜在的关联性，能够揭示案件事实的某些方面。因此，在收集证据时，办案人员应保持开放的心态和敏锐的洞察力，以便发现这些潜在的关联性。

二、证据收集的方法

（一）询问

询问作为收集言词证据的主要方法，在司法实践中具有重要地位。它不仅是揭示案件事实、还原事件真相的重要手段，更是保障当事人合法权益、维护司法公正的关键环节。询问的首要任务是确定询问的对象和范围。询问对象通常包括当事人、证人以及其他与案件相关的人员。在确定询问对象时，应充分考虑其在案件中的地位和作用，以及其所掌握的信息与案件事实的关联程度。询问范围则应根据案件的具体情况，有针对性地围绕案件事实、争议焦点以及相关证据展开。

询问的方式和技巧直接关系到言词证据的收集质量和效果。在询问时，首先，应尊重被询问人的权利，采用平和、友善的语气和态度，以消除其紧张感和抵触情绪。其次，应灵活运用各种询问技巧，如提出开放式问题、封闭式问题、引导式问题等，以引导被询问人真实、完整地陈述案件事实。最后，应注意询问的连贯性和逻辑性，确保询问过程有条不紊、层次分明。询问活动必须在法律规定的范围内进行，严格遵守法律程序和规定，包括告知被询问人的权利和义务、保障被询问人的合法权益、遵守询问的法定时限等。询问过程应规范有序，避免出现诱导、威胁、欺骗等非法手段，确保言词证据的真实性和合法性。

询问过程中，应详细记录被询问人的陈述内容、语气、表情等细节，以便后续分析和使用。可以采用笔录、录音、录像等多种形式记录，以确保记录的准确性和完整性。对于重要的言词证据，应及时进行固定和保全，防止证据灭失或被篡改。询问结束后，应对收集到的言词证据进行深入的分析和研究，包括分析被询问人的陈述内容是否真实、完整,是否存在矛盾或疑点;研究言词证据与其他证据的相互印证关系,以确定其证明力和可信度。在此基础上,可以进一步运用言词证据来还原案件事实、揭示案件真相,为裁判者提供有力的证据支持。

(二)勘验、检查

勘验、检查作为收集物证的主要方法,在刑事、民事等司法实践中具有不可替代的重要作用。勘验、检查是办案机关对与案件有关的场所、物品、人身、尸体等进行实地查看、检验,以发现和收集证据的活动。这一活动有助于揭示案件真相,还原事件经过,为裁判者提供客观、真实的证据支持。勘验、检查的适用范围广泛,包括犯罪现场、事故现场、涉案物品等。办案人员在进行勘验、检查时,应遵循一定的程序规范,如确保勘验、检查人员的专业性和中立性,遵守现场保护原则,避免对现场和物品造成不必要的破坏。还应详细记录勘验、检查的过程和结果,确保证据的真实性和完整性。

现场勘验是勘验、检查的核心环节。在进行现场勘验时,办案人员要全面了解现场情况,包括环境、布局、物品摆放等;要仔细观察现场细节,寻找与案件事实相关的线索和物证;要运用专业知识和技能,对现场进行科学分析和判断。此外,办案人员还应掌握一些现场勘验的技巧,如利用现代科技手段进行勘查、记录等。物品检查是勘验、检查的另一重要环节。在检查涉案物品时,应根据物品的性质和特点采取相应的检查方法。对于易损物品应小心轻放,避免损坏;对于电子数据类物品应采取专业手段进行提取和分析。在检查过程中应注意保护物品的原始状态,避免对证据造成破坏或篡改。还应遵守相关法律法规和程序的规定,确保检查的合法性和有效性。

勘验、检查结束后,办案人员应对收集到的物证进行整理、分析和运用;对物证进行分类和归档,确保其有序保存和方便查阅;要对物证进行科学鉴定和评估,确定其真实性和证明力;要将物证作为案件证据的重要组成部分,运用到案件的认定和裁决中。对于在勘验、检查过程中发现的新线索或问题,应及时进行进一步调查和核实,以完善案件证据体系。

(三) 鉴定

鉴定作为运用专门知识和技能对专门性问题进行检验、鉴别和判断的方法，在司法实践中具有举足轻重的地位。尤其在涉及医学、化学、物理、生物、工程、会计、法律等专门性问题的案件中，鉴定往往成为获取关键证据、揭示案件真相的重要途径。鉴定，简而言之，鉴定就是运用专业知识和技能对特定问题进行科学分析和判断的过程。在司法活动中，鉴定不仅能够为裁判者提供专业性、科学性的证据支持，还能够协助裁判者准确理解案件事实，进而作出公正、合理的裁决。在涉及专门性问题的案件中，鉴定往往成为一个不可或缺的环节。

进行鉴定时，选择具有相应资质和经验的鉴定机构和人员至关重要。鉴定机构应具备相应的资质认证和执业许可，拥有完善的鉴定设备和技术手段。鉴定人员则应具备深厚的专业背景和丰富的实践经验，能够准确、客观地进行鉴定工作。鉴定机构和人员还应遵守职业道德规范，确保鉴定结果的公正性和准确性。鉴定机构应接受委托人的委托，明确鉴定目的和要求，鉴定人员应收集、整理和分析相关证据材料，进行现场勘查和实验检验。在鉴定过程中，应确保所使用的设备和技术手段符合标准要求。鉴定完成后，鉴定机构应出具鉴定报告，对鉴定结果进行客观、全面的阐述。

在司法活动中，裁判者根据鉴定结果来认定案件事实、判断当事人责任等。然而，鉴定结果并非绝对可信，裁判者在运用时还应对鉴定机构和鉴定人员的资质、鉴定程序的合规性、鉴定结果的科学性和合理性等进行严格的审查。只有在确保鉴定结果真实、准确、可靠的前提下，才能将其作为定案的依据。虽然鉴定在司法活动中具有重要作用，但其也存在一定的局限性。例如，鉴定结果可能受到技术手段、设备条件、人员素质等多种因素的影响，也可能存在主观性和不确定性等。因此，在进行鉴定时，应充分认识到其局限性，通过加强鉴定机构和鉴定人员的监管和培训、完善鉴定程序和规范、建立鉴定结果异议处理机制等有效措施来防范风险。

(四）调取书证和视听资料

调取书证和视听资料作为收集书面证据和视听资料的主要方法，在司法实践中发挥着至关重要的作用。这些证据往往能直接反映案件事实，为司法裁判提供有力的支持。在调取书证和视听资料之前，必须明确调取的目的和范围。这要求办案人员对案件事实有清晰的了解，确定哪些书证和视听资料与案件事实相关，能够证明案件的关键点；应根据法律规定和司法实践，合理确定调取的范围，避免过度或不足调取，影响证据的完整性和证明力。

在调取书证和视听资料时，必须确保证据来源的合法性和真实性。合法性要求调取过程符合法律程序和规定，不得采用非法手段获取证据。真实性要求所调取的证据必须是原始、真实、未经篡改的。为此，办案人员需要严格审查证据的来源渠道，确保其合法合规，并通过技术手段对证据进行鉴定和核实，确保其真实可靠。

书证和视听资料作为证据，必须具备完整性和关联性。完整性要求所调取的证据必须全面、完整，能够反映案件事实的全貌。关联性要求这些证据必须与案件事实紧密相关，能够证明案件的关键点。办案人员在调取过程中，需要仔细甄别、筛选证据，确保所调取的证据既完整又关联，能够为案件的认定和裁决提供有力支持。

调取书证和视听资料必须遵循规范的程序和操作方式，主要包括：明确调取申请、审批、执行等环节的具体要求和流程；制定详细的操作指南，规范调取人员的行为；确保调取过程的透明度和可追溯性，防止证据被篡改或损坏。通过规范调取程序与操作方式，办案人员才能确保调取工作顺利进行，提高调取效率和质量。

书证和视听资料往往涉及当事人的隐私和商业秘密，因此必须强化调取过程中的保密性与安全性。要建立健全保密制度，对调取人员进行保密教育，确保他们严格遵守保密规定；采用先进的技术手段对证据进行加密和存储，防止证据被非法获取或泄露；建立严格的监管机制，对调取过程进行全程监控和记录，确保调取工作的合规性和安全性。

三、证据审查的程序

（一）初步审查

初步审查是证据收集过程中的重要环节，它对于确保案件审理的顺利进行和司法公正具有重要意义。初步审查的首要任务是明确审查的目的和任务。在进行初步审查前，办案人员应对案件事实有清晰的认识，明确需要收集哪些证据来证明案件事实；还要了解证据收集的基本要求，包括证据的合法性、真实性和关联性等。通过明确审查的目的和任务，办案人员可以有针对性地开展初步审查工作，提高审查的效率和准确性。在初步审查阶段，办案人员需要全面收集并整理与案件相关的证据，包括书证、物证、证人证言、视听资料等各种形式的证据。在收集证据时，应注意保持证据的原始性和完整性，避免对证据进行篡改或破坏。此外，还要对收集到的证据进行分类和整理，以便后续进行筛选和排除。

初步审查的核心任务是对证据进行真实性判断。办案人员需要根据证据的来源、内容、形式等方面进行综合分析，判断其是否真实可靠。对于存在明显瑕疵或矛盾的证据，如来源不明、内容模糊、形式不规范等，应予以排除。还要关注证据之间的相互印证关系，以判断其真实性和可信度。在初步审查中，要排除与案件事实无关的证据。这些证据虽然可能真实，但与案件事实没有直接关联，无法证明案件的关键点。因此，在审查过程中，办案人员需要根据案件的具体情况，仔细甄别证据与案件事实的关联程度，对于无关紧要的证据予以排除。

初步审查必须遵循合法性原则。在审查过程中应严格遵守法律法规和司法程序，确保审查工作的合法合规。办案人员还要注重审查的规范性，遵循统一的审查标准和程序，确保审查结果的客观性和公正性。为了确保初步审查工作的透明度和可追溯性，还应建立相应的记录与反馈机制。在审查过程中，需要详细记录审查的过程、方法和结果，以便后续查阅和核对。还要建立反馈机制，及时将审查结果和发现的问题反馈给相关人员，以便及时调整和完善证据收集工作。

（二）详细审查

详细审查是证据收集过程中至关重要的环节，它对于确保案件事实的真实性和完整性、维护司法公正具有不可替代的作用。详细审查工作主要是对初步审查后保留的证据进行深入的核实和鉴别，确保每一个证据都符合真实性、合法性和关联性的要求。在详细审查过程中，首要任务是核实证据的真实性。这要求审查人员具备扎实的专业知识和敏锐的洞察力，能够准确判断证据是否真实可靠。审查时，应结合案件的具体情况，分析证据的来源、形成过程及其内容的可信度。对于可能存在伪造、变造或篡改的证据，应通过技术手段进行鉴定，以揭示其真实面目。对于证人证言，应结合其个人背景、与案件的关系以及证言的合理性进行综合分析，以判断其真实性。

合法性是证据的基本要求之一。在详细审查中，必须严格审查证据的合法性。这包括审查证据收集的程序是否合法、证据的形式是否符合法律规定以及证据是否侵犯了他人的合法权益等。对于非法取得的证据，应予以排除，以确保司法程序的公正性和合法性。审查人员还应关注证据的收集、保存和呈现过程是否合法，避免在后续诉讼过程中因证据问题而导致案件被撤销或改判。

关联性是证据的核心属性，也是详细审查的重点内容。审查人员要深入分析证据与案件事实之间的内在联系，判断证据是否能够证明案件事实的存在或不存在。在审查过程中，应关注证据与案件事实的关联程度、证据之间的相互印证关系以及证据对案件事实的证明力等因素。通过综合分析，筛选出与案件事实紧密相关、具有实质性证明力的证据。

对于存在疑问的证据，审查人员应通过询问、勘验、鉴定等多种方式进一步核实。询问可以帮助审查人员了解证人的陈述内容和态度，发现可能存在的矛盾或疑点；勘验则可以对现场进行实地查看，获取第一手资料，验证证据的真实性；鉴定则可以利用专业知识和技能对证据进行技术性分析，揭示其内在规律和特征。这些方式相互补充、相互印证，有助于提高详细审查的准确性和可靠性。

详细审查的结果对于案件的认定和裁决具有重要影响。审查人员应认真总结审查结果，对于经过核实和鉴别后确认的证据，应将其作为认定案件事实的依据；对于存在疑问或无法核实的证据，应谨慎对待，避免将其作为认定案件事实的依据。审查人员还应将审查结果及时报告给相关部门和人员，为案件的后续处理提供有力支持。

（三）综合评估

综合评估是证据收集与审查工作的关键环节，它对于判断证据的整体质量和证明力至关重要。在详细审查的基础上，综合评估旨在全面考量证据之间的相互印证关系以及证据与案件事实之间的关联程度，进而确定证据的证明力大小和可信度高低。在综合评估中，要分析证据之间的相互印证关系，分析不同证据之间是否存在矛盾或冲突，以及它们是否能够相互支持、相互补充。一个完整的证据链应该由多个相互印证的证据构成，形成一个闭合的逻辑环。如果证据之间存在矛盾或无法相互印证，那么这些证据的可信度就会受到质疑。审查人员需要仔细分析证据之间的相互关系，确保它们能够形成一个完整、一致的证据体系。

综合评估的另一个重要方面是评估证据与案件事实的关联程度。证据的价值在于其能否证明案件事实，因此审查人员需要分析每个证据与案件事实的关联程度，分析证据是否能够直接证明案件事实的关键点，以及证据在证明案件事实中的作用。通过评估证据与案件事实的关联程度，可以确定哪些证据对于认定案件事实具有关键作用，哪些证据则相对次要。在综合评估中，还需要考虑证据的来源和收集方式。证据的来源和收集方式直接关系到证据的真实性和可信度。审查人员需要分析证据的来源是否可靠、合法，以及收集过程是否规范、公正。如果证据来源不明或收集过程存在瑕疵，那么这些证据的可信度就会受到影响。在综合评估中，需要对证据的来源和收集方式进行严格把关，确保所使用的证据具有合法性和真实性。

综合评估还要运用逻辑推理和经验法则。审查人员要运用自己的专业知识和经验，分析证据之间的逻辑关系、推断案件事实的可能性以及评估证据的合理性等。在综合评估中，还要全面考虑各种可能性和风险，包括考虑证据可能存在的缺陷、遗漏或伪造等情况，以及这些情况对案件认定和裁决的影响。审查人员要保持谨慎和客观的态度，对证据进行全面、细致的分析和评估，同时要注意避免主观臆断和偏见对评估结果的影响，确保评估结果的客观性和公正性。

四、证据收集与审查的注意事项

在司法实践中，证据收集与审查是案件处理的核心环节，对于确保案件事实的真实性、维护司法公正具有重要意义。在这一过程中，必须遵循一系列规定，以确保工作的规范性和有效性。在证据收集过程中，首要任务是确保当事人的合法权益得到充分保护。这意味着在收集证据时，必须尊重当事人的隐私权、财产权等合法权益，避免采取任何侵犯其权益的手段。在收集个人信息时，应当遵循相关法律法规，确保信息的合法获取和使用。在审查证据时，也应充分考虑当事人的合法权益，避免将可能损害其权益的证据作为定案依据。司法机关应建立完善的证据收集与审查机制，明确相关人员的职责和权限，一方面要加强对证据收集与审查工作的监督和管理；另一方面要加强对相关人员的培训和教育，提高其法律意识和职业道德水平，确保在证据收集与审查过程中能够始终维护当事人的合法权益。

证据收集与审查工作必须严格遵循法律程序和规定，这是确保证据合法性和有效性的关键。在收集证据时，应当按照法定程序进行，确保收集过程的合法性和规范性。例如，在刑事案件中，侦查机关必须依法进行侦查，不得采取非法手段获取证据。在审查证据时，也应遵循法律规定的审查标准和程序，确保审查结果的合法性和公正性。司法机关应加强对法律程序和规定的宣传和推广，提高相关人员对法律程序和规定的认识和理解；此外，还应建立完善的法律监督和问责机制，对违反法律程序和规定的行为进行严肃处理，确保法律程序和规定的严格执行。

证据的真实性和完整性是证据收集与审查工作的基本要求。在收集证据时，应注重证据的真实来源和客观事实，避免收集到虚假或伪造的证据。同时，在审查证据时，也应仔细甄别证据的真实性和完整性，排除可能存在的虚假或伪造证据。为了确保证据的真实性和完整性，第一，司法机关应建立完善的证据收集和保存制度，规范证据的收集、保存和使用流程。第二，应加强对证据真实性和完整性的核查和验证工作，采用科学的方法和手段对证据进行鉴定和评估。第三，还应加强对证据收集与审查工作的监督和管理，确保相关工作的规范性和有效性。

随着科技的发展，越来越多的科技手段被应用于证据收集与审查工作。这些科技手段的运用可以提高证据收集与审查的效率和准确性，但同时需要注意其适用性和可靠性。在运用科技手段时，应当结合具体案件的特点和需求，选择适当的科技手段，并加强对科技手段的监管和评估，确保其运用的合法性和有效性。司法机关应加强与科研机构和企业的合作与交流，引进先进的科技设备和技术方法。同时，还应加强对相关人员的培训和教育，提高其运用科技手段的能力和水平，建立完善的科技手段运用规范和标准，确保科技手段在证据收集与审查中的合理运用。

第三节　证据的分析与运用

一、证据分析的基本原则

证据分析的基本原则是司法实践中至关重要的指导准则，为审查证据、认定事实提供了明确的方向和依据。在司法活动中，正确运用这些原则，不仅能够确保案件的公正审理，还能有效维护当事人的合法权益。

（一）客观性原则

客观性原则是证据分析的首要原则，它要求在分析证据时，必须以客观事实为依据，避免主观臆断和偏见。这一原则强调对证据的审查应当基于客观存在的事实，而非个人的主观想象或情感倾向。在司法实践中，客观性原则体现在多个方面。审查人员应当保持中立和客观的态度，严格依据证据本身的内容进行分析,不受外界因素的干扰,以公正的心态对待每一个证据。审查人员应当通过科学的方法和手段,对证据进行客观的分析和鉴定,以确保分析结果的准确和可靠。客观性原则的贯彻实施,避免了司法实践中的主观臆断,确保了案件审理的公正性和客观性,提高了司法效率,减少了因主观因素导致的误判和错判。

(二)全面性原则

全面性原则要求在证据分析时,必须全面考虑所有相关证据,不能遗漏任何可能影响案件事实认定的因素。这一原则体现了对案件事实的全面把握和深入分析。在司法实践中,全面性原则要求审查人员应当广泛收集、整理和分析与案件相关的各类证据,包括但不限于书证、物证、证人证言、视听资料等。审查人员还应当关注证据之间的相互关系和内在联系,以便形成完整的证据链,为案件事实的认定提供充分的依据。全面性原则的贯彻实施,确保了案件审理的完整性和全面性。通过对所有相关证据的综合分析,审查人员可以更加准确地把握案件事实,避免因遗漏证据而导致认定事实不清或错误。

(三)关联性原则

关联性原则是证据分析的重要原则之一,它要求审查人员在分析证据时,必须关注证据与案件事实之间的内在联系,以揭示案件真相。这一原则强调了证据与案件事实之间的逻辑关系和相互印证。在司法实践中,关联性原则要求审查人员应深入剖析每一个证据与案件事实之间的关联程度,分析证据是否能够证明案件事实的存在或不存在。审查人员还应当关注证据之间的相互印证关系,通过对比、分析和推理,找出证据之间的共同点和矛盾点,以揭示案件真相。关联性原则的贯彻实施,确保了案件审理的准确性和科学性。通过对证据与案件事实之间关联性的深入分析,审查人员可以更加准确地认定案件事实,避免因证据与案件事实脱节而导致误判和错判。

二、证据的真实性判断

在司法实践中,证据的真实性判断是诉讼活动中的重要环节,它直接关系到案件事实的认定和裁判结果的公正性。因此,如何准确、全面地判断证据的真实性,是司法机关和当事人必须面对的问题。证据的来源是判断其真实性的首要因素。可靠的证据来源通常意味着证据具有较高的可信度。在审查证据来源时,审查人员应当关注证据收集的主体是否合法、是否具备相应的资质和能力,以及证据收集的过程是否符合法律程序和规定。例如,对于证人证言,需要核实证人的身份、背景以及与案件的关系,评估其作证的可能动机和可信度;对于物证,需要检查物证的提取、保管和送检过程是否规范,以排除被篡改或污染的可能性。

证据内容的一致性也是判断其真实性的重要依据。如果证据之间存在矛盾或不一致之处,那么其真实性就值得怀疑。在审查证据时,应当对证据的内容进行仔细比对和分析,查找是否存在矛盾点。在审查多个证人证言时,需要注意各证人之间的陈述是否存在相互矛盾或不一致之处;在审查书面证据时,需要核对各项内容是否相互印证,是否存在逻辑上的漏洞或不合理之处。

随着科学技术的不断发展,越来越多的技术手段被应用于证据真实性判断中。DNA鉴定、指纹比对、视频监控等技术手段可以帮助审查人员验证物证的真实性和关联性,而声音识别、图像分析等技术手段则可以帮助审查人员验证证人证言的真实性和可靠性。在判断证据真实性时,应当充分利用这些科学技术手段,对证据进行客观、准确的验证。

证据的形成和保管情况也是判断其真实性的重要方面。如果证据在形成或保管过程中存在不当行为,那么其真实性就可能受到影响。因此,应当了解证据的形成和保管过程,评估其是否可能被篡改、伪造或破坏。例如:对于书面证据,审查人员需要核实其是否为原件、是否有涂改痕迹;对于物证,需要检查其是否保持原始状态、是否有损坏或污染迹象。

在判断证据真实性时,还需要结合其他证据进行综合判断。因为单个证据可能存在局限性或不确定性,而多个证据之间的相互印证和补充则可以提高审查人员判断证据真实性的准确性，所以应当将各个证据放在案件整体中进行考量，分析它们之间的关联性和相互支持程度。如果多个证据能够相互印证、形成完整的证据链，那么它们的真实性就更容易得到确认。在判断证据真实性时，逻辑推理和合理怀疑也是不可忽视的因素。逻辑推理可以帮助分析证据之间的内在联系和逻辑关系，从而判断其是否符合案件事实和逻辑规律，而合理怀疑则是对证据真实性的一种审慎态度，它要求在面对可能存在疑问的证据时保持警惕和谨慎。在审查证据时，应当运用逻辑推理和合理怀疑的方法，对证据进行全面、细致的分析和判断。

三、证据的关联性评估

证据的关联性评估是司法活动中至关重要的一环，它涉及证据与案件事实之间的内在联系，直接关系到案件事实的认定和裁判结果的公正性。证据的关联性，指的是证据与待证事实之间存在的逻辑联系。这种联系可以是直接的，也可以是间接的，但都必须能够支持或反驳案件中的某一事实。关联性评估的核心在于判断证据与案件事实之间的内在联系，从而确定证据在案件中的价值和作用。

在进行证据的关联性评估时，需要遵循一定的标准。一是证据必须与案件事实具有相关性，即证据所反映的内容应当与案件中的争议点或待证事实有直接或间接的联系。二是证据应当具有实质性，能够对待证事实产生实质性的影响。三是证据应当具有足够的证明力，能够支持或反驳案件中的某一事实。

关联性评估的具体方法多种多样，可以根据案件的具体情况选择合适的方法。例如：可以采用逻辑推理的方法，分析证据与案件事实之间的因果关系、时间顺序等；也可以采用对比分析的方法，将不同证据进行对比，找出它们之间的共同点和差异点，从而判断证据与案件事实的关联性；还可以结合案件背景、当事人陈述等因素进行综合评估。在进行证据的关联性评估时，要全面考虑案件事实和证据情况，避免片面或主观地评估证据的关联性；注意区分证据与案件事实的直接关联和间接关联，以及它们之间的强弱程度；充分考虑证据的合法性和真实性，避免将非法或虚假的证据纳入关联性评估范围；要结合法律规定和司法实践，合理运用关联性评估的方法和标准。

证据的关联性评估在司法实践中具有重大的意义与价值。一是有助于准确认定案件事实。通过对证据的关联性进行评估，可以筛选出与案件事实紧密相关的证据，排除无关紧要的证据，从而更加准确地认定案件事实。二是有助于保障裁判结果的公正性。关联性评估能够确保只有与案件事实具有关联性的证据被采纳和使用，从而避免裁判结果受到无关证据的影响，保障裁判结果的公正性。三是有助于提高诉讼效率。通过对证据的关联性进行评估，审查人员可以避免在诉讼过程中陷入无休止的争议和纠缠，减少不必要的诉讼成本和时间成本，提高诉讼效率。

关联性评估与其他证据规则密切相关，共同构成了完整的证据规则体系。关联性评估与证据的真实性、合法性等规则相互补充，与证据的充分性、必要性等规则相互协调。在评估证据的关联性时，需要考虑证据是否真实、合法、充分、必要，以确保证据的真实性、合法性、完整性和有效性。关联性评估还与证据的收集、审查、认定等规则密切相关，共同保障了证据在司法活动中的正确使用和有效发挥。

四、证据的证明力分析

在司法实践中，证据的证明力是评估证据价值和影响案件裁判结果的关键因素。证据的证明力不仅取决于证据本身的性质和内容，还受到证据的收集、保全、审查、认定等程序性因素的影响。证据数量是影响证明力的重要因素之一。在一般情况下，证据数量越多，越能够形成完整的证据链，从而增强对案件事实的证明力。多个相互印证的证据能够相互支持，共同指向同一事实，使得裁判者能够形成更加准确的判断。然而，需要注意的是，证据数量并非绝对，过多或过少的证据都可能影响证明力的评估。过多的证据可能导致信息冗余和混乱，而过少的证据则可能无法形成完整的证明体系。

证据质量是评估证明力的另一个关键因素。高质量的证据通常具有清晰、准确、完整的特点，能够直接反映案件事实的关键环节和细节。相比之下，低质量的证据可能存在模糊、矛盾、不完整等问题，无法有效证明案件事实。在评估证据的证明力时，应重点关注证据的真实性、准确性和完整性，排除虚假、伪造或篡改的证据。

直接证据和间接证据在证明力上存在差异。直接证据通常能够直接证明案件事实的主要方面，具有较强的证明力。目击证人的证言、监控录像等都属于直接证据，能够直接反映案件发生的过程和结果。而间接证据则需要通过推理和综合分析才能间接证明案件事实，其证明力相对较弱。然而，在某些情况下，多个间接证据相互印证，也能够形成强有力的证明体系，对案件事实产生重要影响。

原始证据和传来证据在证明力上也有所不同。原始证据是指直接来源于案件事实的证据，如现场遗留的物证、当事人的原始陈述等。由于原始证据能够直接反映案件事实的原始状态，因此具有较强的证明力。而传来证据则是经过传递、转述或复制等方式获得的证据，其证明力可能因在传递过程中失真或变形受到影响。在评估证据的证明力时，应优先考虑原始证据的价值和可信度。

证据的合法性对于证明力的评估至关重要。合法证据是指符合法律规定的收集、保全和出示程序的证据。只有合法证据才能被法庭采纳并作为认定案件事实的依据。非法证据则可能因为程序违法或侵犯当事人权益等而被排除在外，其证明力自然也会受到质疑。因此，在收集和使用证据时，必须严格遵守法律规定，确保证据的合法性。

证据之间的关联性也是影响证明力的重要因素。关联性强的证据能够相互支持、相互印证，形成完整的证据链，从而增强对案件事实的证明力。相反，如果证据之间缺乏关联性或存在矛盾，那么其证明力就会削弱。在分析证据的证明力时，应充分考虑证据之间的关联性，排除无关紧要的证据，重点关注与案件事实紧密相关的证据。

五、证据的综合运用

在司法实践中，证据的综合运用是裁判者认定案件事实、作出公正裁决的关键环节。综合运用证据不仅要求裁判者具备扎实的法律知识和敏锐的洞察力，还要遵循逻辑推理规则，对证据进行合理的分析和推断。在综合运用证据之前，裁判者一是要对所有证据进行归纳整理，包括对证据的分类、筛选和整理；二是要仔细审查每一个证据，明确其来源、内容和作用，以便为后续的分析和推断打下基础；三是要对证据进行筛选，排除与案件事实无关或存在瑕疵的证据，确保所使用的证据具有合法性和真实性。

在综合运用证据时，裁判者需要运用逻辑推理规则对证据进行分析和推断。逻辑推理包括演绎推理和归纳推理等方法。在司法实践中，裁判者要根据归纳整理后的证据，运用逻辑推理规则，将各个证据相互关联、相互印证，形成完整的证据链。这一过程中，裁判者要关注证据之间的内在联系和逻辑关系，确保证据链的完整性和连贯性。此外，裁判者还要对证据链进行分析，评估其证明力和可信度，以确保其对案件事实的证明作用。

在综合运用证据时，裁判者可能会遇到不合理证据或矛盾证据的情况。不合理证据是指与案件事实明显不符或缺乏合理解释的证据，而矛盾证据则是指相互冲突、无法相互印证的证据。对于这两类证据，裁判者需要进行谨慎分析和处理。首先，裁判者需要审查证据的来源和真实性，排除伪造或篡改的证据。其次，裁判者需要运用逻辑推理规则对证据进行分析，找出不合理证据或矛盾的原因。最后，裁判者需要根据证据链的整体性和逻辑性，对不合理证据或矛盾证据进行取舍或调整，确保所使用的证据具有一致性和可靠性。

在综合运用证据时，裁判者还要考虑与其他诉讼材料的协调配合。这些诉讼材料可能包括当事人的陈述、证人证言、鉴定意见等，裁判者要将证据与其他诉讼材料进行比对和印证，确保它们之间的一致性和协调性。如果证据与其他诉讼材料存在冲突或矛盾，裁判者需要进行深入分析和判断，找出真相并作出合理的裁决。综合运用证据对裁判者的专业素养和经验积累提出了较高要求。裁判者需要具备扎实的法律知识和丰富的实践经验，能够准确理解法律条文和司法解释的精神实质，熟练掌握逻辑推理规则和证据分析技巧。

第四章 逻辑推理在法律实务中的应用

第一节　逻辑推理在案件分析中的作用

逻辑推理是人类思维的核心工具，在案件分析中发挥着关键作用。在司法实践中，案件分析往往涉及复杂的事实梳理、证据评估和法律适用，这些过程离不开严密的逻辑推理。逻辑推理能够帮助法律从业者系统地分析问题，揭示事物之间的内在联系，从而得出准确、合理的结论。逻辑推理不仅有助于识别关键证据、排除无关信息，还能帮助构建案件事实的逻辑链条，确保案件分析的连贯性和一致性。逻辑推理还能提升法律从业者对法律条文的理解和适用能力，确保法律适用的准确性和公正性。

一、逻辑推理有助于案件事实的梳理与认定

在法律实务中，案件事实的梳理与认定是案件分析的基础，直接关系到案件裁决的公正性和准确性。逻辑推理作为一种科学的思维方法，在这一过程中发挥着至关重要的作用。它不仅能够帮助法律从业者对复杂的案件事实进行有序分类和整理，还能够揭示事实之间的内在联系，从而更准确地认定案件事实。在案件分析中，法律从业者要面对大量的事实材料，这些材料往往琐碎而复杂。通过逻辑推理，法律从业者可以运用分类、归纳等方法，将这些事实材料按照一定的逻辑顺序进行整理和排列，构建出一个清晰、有条理的案件事实框架，从而更好地把握案件的核心要点，为后续的分析和判断奠定基础。

案件事实往往不是孤立的，它们之间存在着一定的内在联系和因果关系。逻辑推理能够帮助法律从业者深入分析这些事实之间的联系，揭示它们之间的因果关系。通过逻辑推理，法律从业者能够发现隐藏在事实背后的真相，避免被表面现象所迷惑，这对于准确认定案件事实、揭示案件真相具有重要意义。在案件分析中，有时会出现一些与案件无关的事实材料，这些材料可能会对案件事实的认定产生干扰。逻辑推理能够帮助法律从业者运用排除法等方法，将这些与案件无

关的事实排除在外，从而避免在案件分析中引入不必要的干扰因素。通过逻辑推理，法律从业者能够更加专注于与案件相关的事实材料，提高案件分析的准确性和效率。

在法庭上，案件事实的认定往往需要说服法官和人民陪审员。逻辑推理能够通过严密的论证和推理过程，增强案件事实认定的说服力。法律从业者可以运用逻辑推理的方法，将案件事实按照逻辑顺序进行排列和组合，形成一个完整、连贯的论证体系。这样的论证体系不仅能够让法官和人民陪审员更好地理解案件事实，还能够增强他们对案件事实认定的信心和认同感。

逻辑推理不仅是一种思维方法，更是法律从业者专业素养的体现。通过不断运用逻辑推理进行案件事实的梳理与认定，法律从业者能够不断提升自己的专业素养和思维能力。他们能够更加熟练地掌握逻辑推理的技巧和方法，更加准确地把握案件的核心要点和内在联系。逻辑推理还有助于培养法律从业者的逻辑思维能力和分析能力，使他们在面对复杂案件时能够更加从容应对。

二、逻辑推理有助于法律条文的解释与适用

在法律实务中，法律条文的解释与适用是确保案件得以公正处理的重要环节。逻辑推理作为一种科学的方法论，为法律从业者提供了有效的工具，帮助他们准确解释和适用法律条文。法律条文往往具有高度的概括性和抽象性，需要法律从业者结合具体案件事实进行解释和适用。逻辑推理在此过程中发挥了关键作用。法律从业者运用逻辑推理，可以对法律条文进行逐字逐句的分析，深入理解其内涵和外延，避免对法律条文产生误解或歧义。逻辑推理还可以帮助法律从业者识别法律条文中的关键概念和要素，准确把握法律条文的含义和适用范围。

在案件处理过程中，法律从业者需要分析法律条文与案件事实之间的契合程度，以确定适用的法律条文。逻辑推理在此过程中发挥了桥梁作用。通过逻辑推理，法律从业者可以比较法律条文与案件事实之间的相似性和差异性，找出它们之间的契合点。这种契合点的分析有助于法律从业者确定案件适用的法律条

文，确保法律适用的准确性和合理性。法律条文在实际应用中可能会遇到一些模糊或不确定的情况，需要法律从业者进行合理解释与适用。逻辑推理在此过程中发挥了关键作用。通过逻辑推理，法律从业者可以对法律条文进行推理和演绎，推导出适用于具体案件的解释和适用方案。这种解释和适用方案既符合法律条文的原意，又能够应对实际案件中的特殊情况，确保法律适用的公正性和合理性。

在法律适用过程中，法律从业者可能会受到各种因素的影响，产生偏见或谬误。逻辑推理作为一种客观、科学的方法论，有助于避免这种情况的发生。通过逻辑推理，法律从业者可以依据事实和证据进行推理和判断，排除主观偏见和情感因素的影响。逻辑推理还可以帮助法律从业者识别和纠正谬误，确保法律适用的客观性和准确性。法律适用的统一性和可预测性是法治社会的基本要求。逻辑推理有助于实现这一目标。通过逻辑推理，法律从业者可以对法律条文进行一致的解释和适用，避免在不同案件中出现相互矛盾的解释和结果。这种一致性的解释和适用有助于维护法律的稳定性和权威性，提升公众对法律制度的信任度。逻辑推理还可以使法律适用具有可预测性，能确保当事人根据法律条文和逻辑推理规则预测自己的行为后果，从而做出合理的决策。

三、逻辑推理有助于法律结论的推导与验证

在法律实务中，法律结论的推导与验证是案件处理的核心环节，也是法律从业者追求公正与准确的重要体现。逻辑推理作为一种科学的方法论，为法律结论的推导与验证提供了强有力的支持。法律结论的推导是一个复杂而精细的过程，需要法律从业者根据案件事实和法律条文进行严密的推理和分析。通过逻辑推理，法律从业者可以运用演绎推理、归纳推理等方法，将案件事实与法律条文紧密结合起来，推导出符合逻辑规则和法律规定的法律结论。这种推导过程确保了法律结论的合理性，避免了主观臆断和偏见的影响。

推导出的法律结论需要经过验证才能确保其准确性。逻辑推理为法律结论的验证提供了有效的方法。通过逻辑推理，法律从业者可以对法律结论进行反复推

敲和检验，确保其符合逻辑规则和法律规定。逻辑推理还可以帮助法律从业者发现法律结论中可能存在的矛盾和漏洞，及时进行修正和完善。这种验证过程增强了法律结论的准确性和可信度。在案件处理过程中，有时可能会存在多个可能的法律结论。在这种情况下，法律从业者运用逻辑推理，可以分析不同法律结论之间的逻辑关系，评估它们的合理性和可行性。逻辑推理还可以结合案件事实和法律规定，对不同法律结论进行综合考量，选择最符合实际情况和法律精神的结论。这种比较与选择的过程有助于确保法律结论的公正性和合理性。

法律结论的说服力对案件的处理结果至关重要。逻辑推理有助于提升法律结论的说服力。通过逻辑推理，法律从业者可以清晰地展示法律结论的推导过程，说明其合理性和准确性。这种展示过程不仅增强了法律结论的可信度，还能够使当事人和社会公众更好地理解和接受法律结论。逻辑推理还可以帮助法律从业者针对对方的观点和论据进行有力反驳，进一步提升法律结论的说服力。逻辑推理的运用使法律结论的推导具有更强的预见性和稳定性。法律从业者运用逻辑推理可以根据既有的法律条文和类似案例，对案件可能的法律结论进行预判。这种预见性有助于法律从业者提前规划辩护策略或审判思路，确保案件处理的连贯性和高效性。逻辑推理强调结论的推导必须符合逻辑规则和法律规定，这使得法律结论具有更强的稳定性。即使面对不同的法律从业者或不同的审判环境，只要遵循相同的逻辑推理规则，得出的法律结论往往具有一致性，从而维护了法律制度的统一性和权威性。

四、逻辑推理有助于提升案件分析的效率与准确性

在法律实务中，案件分析是一项烦琐而复杂的任务，要求法律从业者具备高效、准确的思维能力。逻辑推理作为一种科学的方法论，不仅能够帮助法律从业者更好地理解和分析案件，还能显著提升案件分析的效率与准确性。在案件分析过程中，快速准确地把握案件的核心问题是至关重要的。逻辑推理有助于法律从业者通过对案件事实和法律条文的逻辑分析，迅速识别出案件的关键点和争议焦点。通过逻辑推理，法律从业者可以筛选出与案件解决最为相关的信息，忽略无

关紧要的细节，从而集中精力处理关键问题。这种有针对性的分析方法不仅提高了案件分析的效率，还确保了案件分析的准确性。

案件分析中，信息的遗漏或误解可能导致法律结论出现偏差。逻辑推理通过严格的推理过程，确保法律从业者对案件事实和法律条文进行全面、深入的理解。

逻辑推理要求法律从业者对每一个信息点进行逐一分析，并将其与整体案件背景相结合，从而避免遗漏重要信息。逻辑推理还有助于法律从业者澄清模糊概念，消除误解，确保案件分析的准确性。

逻辑推理不仅关注案件表面的信息，还能够深入挖掘案件背后的深层逻辑关系和潜在法律问题。通过逻辑推理，法律从业者可以揭示案件事实与法律条文之间的内在联系，分析法律适用中的难点和争议点。这种深入的分析有助于法律从业者形成全面、深入的案件理解，提升案件分析的深度。

逻辑推理还能够将案件分析与相关法律规定、先例判决等联系起来，拓宽案件分析的广度，为法律从业者提供更加丰富的思考维度。

逻辑推理强调思维的连贯性和系统性，有助于法律从业者形成条理清晰的案件分析思路。通过逻辑推理，法律从业者可以将案件事实、法律条文、法律原则等要素有机地结合起来，形成一个完整、统一的案件分析框架。这种系统性的分析方法有助于法律从业者更好地把握案件的整体脉络，避免在案件分析中出现逻辑断裂或矛盾等情况。

逻辑推理还要求法律从业者对案件分析的各个环节进行相互印证和协调，确保案件分析的连贯性和一致性。逻辑推理的运用不仅是一种技能，更是一种思维方式。通过长期运用逻辑推理进行案件分析，法律从业者能够逐渐培养出严谨、细致、全面的法律思维。这种思维方式有助于法律从业者更好地理解和运用法律知识，提升其在法律实务中的专业素养。

逻辑推理还能够锻炼法律从业者的分析、判断、推理等综合能力，使其在处理复杂案件时能够迅速找到问题的症结所在，提出有效的解决方案。

五、逻辑推理在复杂案件中的应用与挑战

在法律实务中，复杂案件往往涉及多个法律主体、多层次的法律关系以及错综复杂的案件事实，这为法律从业者带来了巨大的挑战。逻辑推理作为法律实务中的重要工具，在复杂案件的分析与处理中发挥着不可或缺的作用。

然而，逻辑推理在复杂案件中的应用也面临着诸多挑战。在复杂案件中，逻辑推理的运用能够帮助法律从业者深入剖析案件事实与法律关系，进而为案件的解决提供有力的论证。法律从业者需要通过对案件事实进行细致入微的分析，运用逻辑推理方法，逐步揭示案件背后的法律逻辑和规律。他们还需要对案件涉及的法律条文进行深入的研究和解释，确保法律适用的准确性和合理性。

复杂案件对法律从业者的逻辑推理能力提出了更高的要求。法律从业者需要具备扎实的法律知识和丰富的实践经验，以便在复杂的法律关系中找到合适的逻辑推理起点。他们需要具备良好的分析能力和判断能力，能够准确识别案件中的关键问题和争议焦点，进而选择合适的逻辑推理方法。他们还需要具备敏锐的洞察力和超高的逻辑思维能力，能够在复杂的案件事实中抽丝剥茧，发现案件背后的真相和规律。

逻辑推理要求法律从业者在分析案件时保持客观公正的态度，避免受到主观偏见和情绪因素的影响。在复杂案件中，由于案件事实复杂、法律关系繁多，法律从业者往往面临着巨大的压力和诱惑，可能产生主观偏见或情绪化的判断。复杂案件往往涉及多方利益冲突，法律从业者需要在各方利益之间寻求平衡，这也在一定程度上增加了逻辑推理客观性与公正性的挑战。

复杂案件中的逻辑推理过程往往更加复杂和烦琐。法律从业者需要处理大量的案件信息和法律关系，进行多层次、多角度的逻辑推理。他们还需要考虑各种可能的法律后果和影响，确保逻辑推理的全面性和准确性。这种复杂性要求法律从业者具备高超的逻辑推理技巧和丰富的实践经验，以应对复杂案件中的各种挑战。

在复杂案件中，逻辑推理的应用往往需要法律从业者进行一定的创新。由于复杂案件的特殊性和复杂性，现有的逻辑推理方法可能无法完全适用，需要法律从业

者结合实际情况进行创新和调整。然而，这种创新也具有挑战。创新意味着需要打破传统的思维模式和方法，这要求法律从业者具备较高的创新能力，创新也可能带来不确定性和风险，需要法律从业者进行谨慎的评估和决策。

六、逻辑推理在法律实务中的局限性与完善

逻辑推理作为法律实务中的重要工具，尽管在案件分析、法律适用等方面发挥着至关重要的作用，但其本身也存在一定的局限性。为了更好地发挥逻辑推理在法律实务中的作用，法律从业者需要深入认识其局限性，并寻求相应的完善措施。在法律实务中，案件事实和信息的准确性、完整性是逻辑推理的基础。然而，很多时候，案件事实和信息存在模糊、不完整甚至相互矛盾的情况，这种模糊性可能导致逻辑推理的起点就不稳固，进而影响推理结果的准确性。例如，证人证言可能存在主观偏见或记忆误差，物证可能因保存不当而失去证明力，这些因素都会给逻辑推理带来挑战。

逻辑推理在法律实务中的应用还需要考虑法律条文的解释与适用问题。法律条文往往具有一定的抽象性和概括性，其含义和适用范围可能需要根据具体案件情况进行解释和界定。然而，这种解释和界定往往受到法律从业者主观认知和经验水平的影响，可能产生不同的理解和解释，从而影响逻辑推理的一致性和准确性。逻辑推理要求法律从业者保持客观、理性的态度，但在实际操作中，主观认知和情感因素往往不可避免地会对逻辑推理产生影响。法律从业者在处理案件时，可能会受到个人经验、价值观、情感倾向等因素的影响，从而在逻辑推理过程中产生偏见或误判。这种主观性和情感性的干扰可能导致逻辑推理结果的偏离和失真。

为了克服逻辑推理在法律实务中的局限性，一方面需要加强法律从业者的逻辑训练，通过系统的逻辑训练，法律从业者的逻辑思维能力、分析能力和判断能力得以提高，能够更准确地把握案件事实和法律关系，更合理地运用逻辑推理方法进行案件分析和法律适用。另一方面要培养法律从业者的批判性思维，使其能够在逻辑推理过程中保持独立思考和审慎判断的能力。

为了解决法律条文解释与适用的问题，一方面要不断完善法律体系，明确法律条文的规定和适用范围。通过制定更为具体、明确的法律条文，减少法律条文的抽象性和概括性，从而降低解释和适用的难度和不确定性。另一方面要加强对法律条文的解释和适用指导，为法律从业者提供更为明确、一致的法律依据和参考标准。在法律实务中，逻辑推理还要注重提高透明度和公正性。公开逻辑推理的过程和结果，接受社会的监督和质疑，是确保逻辑推理公正性和准确性的有效途径。

第二节　法律实务中的逻辑推理方法

一、演绎推理

在法律实务中，演绎推理作为一种从一般到特殊的推理方法，是法官、律师等法律从业者常用的思维工具，能够帮助他们根据一般性的法律原则或规定，推导出特定案件中的法律结论。在法律实务中，演绎推理基于已知的法律原则、法规或判例，通过逻辑推导，得出具体案件的法律结论。演绎推理的特点在于其严谨性和确定性，它要求推理的前提必须真实可靠，推理过程必须符合逻辑规则，从而确保得出的结论具有高度的可信度。

在法律实务中，演绎推理被广泛应用于案件分析、法律适用和判决说理等各个环节。法官在审理案件时，通常会根据相关的法律原则或规定，结合案件的具体事实，通过演绎推理得出法律结论。律师在代理案件时，也会运用演绎推理来论证自己的观点和主张，为当事人争取合法权益。演绎推理并非简单的逻辑推理过程，它需要与案件事实紧密结合。法律从业者在进行演绎推理时，需要充分了解案件的具体情况，包括当事人的诉求、证据材料、争议焦点等。只有在对案件事实有充分把握的基础上，才能准确地运用演绎推理方法，推导出符合案件实际情况的法律结论。

演绎推理是从普遍（或一般）到特殊（或个别）的推理，这是一种必然性推理。演绎推理通常以三段论的形式呈现，即大前提、小前提和结论。演绎推理是根据命题的一般性来证明或确认某个个别性的命题的推理。亚里士多德是历史上主张有组织地研究演绎推理的第一人，后世欧几里得的《几何原本》、斯宾诺莎的《伦理学》、牛顿的《自然哲学的数学原理》乃至爱因斯坦的相对论学说的问世，都是演绎推理应用的典范。当这种逻辑推理被应用在法律推理中时，其逻辑的应用性得到了凸显，并对法律推理起到了指导性作用。比如根据我国《刑法》规定，故意非法剥夺他人生命的行为是犯罪行为，A 故意非法杀死了 B，故 A 构成故意杀人罪的结论。演绎推理是我国法律推理的最主要推理形式，因为此种推理的正确应用能保证结论的绝对真实性。这种逻辑推理的严谨性，在法律领域的应用中显得尤为重要，它极大提升了法律推理的精确度和细致性。在应用逻辑指导下，演绎推理确保了法律推理的保真性。

在法律解释与适用方面，演绎推理同样发挥着重要作用。当法律条文存在模糊或歧义时，法律从业者需要通过演绎推理，结合案件的具体情况和立法意图，对法律条文进行合理解释和适用。演绎推理有助于将抽象的法律条文具体化，使其更贴合案件的需求。虽然演绎推理在法律实务中具有重要作用，但也存在一定的局限性。例如，当法律原则或规定存在缺陷或滞后时，演绎推理得出的结论可能不符合实际情况；演绎推理过度依赖形式逻辑，有时可能忽略案件的实质性和复杂性。为了克服这些局限性，需要不断完善法律体系，更新法律原则和规定，以适应社会发展的需要。法律从业者也应不断提高自己的专业素养和逻辑思维能力，以便更有效地运用演绎推理方法解决复杂的法律问题。

二、归纳推理

归纳推理，即从特殊到一般的推理方法，在法律实务中扮演着至关重要的角色。它通过对多个具体案件中的共同特征或规律进行分析，提炼出普遍适用的结论或原则，为法律从业者提供宝贵的实践经验和体系完善的参考。法律从业者通过对大量具体案例的观察和分析，发现其中的共性和规律，进而得出一般性的结论或原则。在法律实务中，归纳推理的应用十分广泛，它可以帮助法律从业者总结实践经验，发现法律适用中的问题和不足，为完善法律体系提供有益的参考。

在处理具体案件时，法律从业者往往需要参考类似案例的判决结果和法律适用情况。通过归纳推理，法律从业者可以分析多个相关案例的共同点和差异点，提取出其中的法律规则或原则，为当前案件的处理提供指导。这种案例分析中的归纳推理，有助于确保法律适用的准确性和一致性。归纳推理不仅有助于法律从业者解决具体案件，还能为法律体系的完善提供重要支持。通过对大量案件进行归纳分析，法律从业者可以发现法律条文在实际应用中的问题和不足，进而提出修改或完善法律的建议。这种基于实践经验的归纳推理，有助于使法律体系更加符合社会发展的需要，更有效地解决实际问题。归纳推理与法律实践经验之间存在着密切的互动关系。法律实践经验是归纳推理的基础和来源，它为归纳推理提供了丰富的素材和案例；归纳推理又是提升法律实践经验的重要手段，它通过对实践经验进行总结和提炼，使法律从业者能够更好地理解和应用法律知识，提高解决实际问题的能力。

归纳推理是由特殊（或个别）到普遍（或一般）的推理。从马克思主义唯物辩证法来看，个性中蕴含着共性，从个性中可以抽象出共性的规律，这是一种或然性推理，归纳推理并不保真。这种逻辑推理在法律中的应用主要被用于英美法系国家。英美法系国家坚持"遵循先例"原则，即先前的判例对后续同类案件判决具有法律约束力，就这样以一个个判例构建起普遍性的、一般性的法律原则或规则。例如，某地发生一起碎尸案，侦查人员经过艰苦细致的工作，从全市收集到了四十多块死者的尸块，但这些尸块拼凑起来不及尸体全部的三分之二，且尸块高度腐败，无法辨认死者身份。要侦破这起案件就必须确认死者身份，为此警方刻画出死者特征，以便查证。但对尸块进行检验后，只能确定死者为女性，并在死者的下巴骨发现了死者生前长出的智齿。警方运用演绎推理：萌生智齿是一种生理变化，而生理变化是与年龄相关的，所以萌生智齿与年龄相关。但当地女性都是在什么年龄段才萌生智齿呢？于是，警方采用了归纳推理的方法：警方在当地抽查一百多名已萌生智齿的女性，结果发现，她们年龄在 20 岁左右，上下浮动没有超过两岁的。于是警方得出结论，被碎尸的女性死者年龄为20岁左右。确实如恩格斯所说的那样："归纳和演绎，正如分析和综合一样，是必然相互联系着的。"上述逻辑推理过程表明，应用逻辑指导下的演绎推理辅之以归纳推理，同样能保证法律推理的严谨性。

三、类比推理

在法律实务中，类比推理作为一种重要的思维工具，发挥着不可或缺的作用。通过比较不同案件之间的相似性，类比推理能够揭示案件在法律适用中的共通之处，为法律从业者提供有力的参考和借鉴。类比推理是一种基于相似性的推理方法，它通过比较不同对象或情境之间的共同特征，推导出它们在其他方面的相似性。在法律实务中，类比推理主要表现为将类似案件的裁判思路和法律依据应用于当前案件，从而得出更为准确和合理的法律结论。类比推理的特点在于其灵活性和创新性，它能够帮助法律从业者突破传统思维的束缚，发现新的法律适用路径。

类比推理在法律实务中的应用场景广泛而多样。无论是在民事、刑事还是行政案件中，法律从业者都可以运用类比推理来分析和解决问题。例如，在处理新型疑难案件时，法律从业者可以通过类比推理找到类似的先例案件，借鉴其裁判思路和法律依据；在解决法律适用上的争议时，通过类比推理，法律从业者可以找到共通之处，消除分歧，实现法律适用的统一性和公正性。通过借鉴类似案件的裁判思路和法律依据，类比推理能够显著提高案件处理的效率。在法律实务中，时间往往是非常宝贵的资源。通过类比推理，法律从业者可以迅速找到相关案例和法律依据，避免在浩如烟海的法律文献中漫无目的地搜索。这种方法不仅可以节省大量时间，还可以确保案件处理的及时性和准确性。

犯罪分子即使再奸诈狡猾，在思维上始终脱离不了人的共性，这导致他们的作案手法、特点，以及所作的不同案件都会在某些方面存在共通之处。对于有经验的侦查人员来说，这些共通之处往往能引发他们对于曾办过的案件的回忆，并联想到正在侦查的新案件，由彼案的侦破联想到此案的侦查，举一反三，往往取得意想不到的效果,甚至可以直接侦破案件,查清真相。2004年,某个刑警大队破获了一起系列溜门入室盗窃办公室笔记本电脑案。案犯秦某在一年多的时间里,先后以找人为借口潜入多个政府部门办公室内,趁人不备盗走笔记本电脑十余台。在一次作案时,被群众现场抓获扭送至派出所。派出所经侦查后拟对该案以单人单案报捕,案件送刑警大队研究后,细心的刑侦人员在材料中发现秦某作案时总是穿着干净得体,西装革履夹着公文包,一副公务人员打扮。联想到以前接到的笔记本电脑被盗案中有十多起发生在办公区内,且门卫人员均反映到当日有一夹皮包的公务人员出入,侦查人员决定对该案进行深入审查。经调取案发地的监控录像后确认秦某的嫌疑,在其家中也查获了未来得及出售的笔记本电脑三台,最终破获了这起系列案件,扩大了战果。这个案子中侦查人员使用了类比推理。他们在材料中发现秦某作案时典型打扮——西装革履,夹着公文包,由此联想到以前类似案件中也有这样穿着的可疑人员在其他现场出现的事实,做出了其他案件也可能系秦某所为的推理。

第一,类比推理在推动法律发展方面发挥着重要作用。类比推理不仅能够提高案件处理的效率,还能够提升法律适用的准确性。通过比较类似案件的裁判结果和法律依据,法律从业者可以更加深入地理解法律条文的精神和实质,避免对法律条文的片面理解和误读。第二,类比推理可以帮助法律从业者发现和纠正法律适用中的不一致和偏差,确保法律适用的公正性和权威性。第三,类比推理可以帮助法律从业者不断探索新的法律适用路径和解决方案,为法律制度的完善和发展提供有益的参考和借鉴。第四,类比推理可以促进不同法律体系之间的交流与融合,推动全球法律文化的共同进步。然而,类比推理并非万能的解决方案。在运用类比推理时,法律从业者需要谨慎判断类似案件的相似性和差异性,确保推理的合理性和准确性。此外,还要关注法律原则和精神的指引作用,避免机械地套用类似案件的裁判结果。

四、假设推理

在法律实务中,假设推理作为一种重要的推理方法,对于解决复杂、疑难案件具有不可替代的作用。通过提出假设条件并对其进行验证，假设推理能够帮助法律从业者逐步揭开案件真相，得出最符合案件事实和法律规定的结论。假设推理是一种基于假设条件的推理方法，它通过提出多种可能的假设，并对这些假设进行逐一验证和排除，最终确定最符合实际情况的结论。在法律实务中，假设推理的特点在于其灵活性和创新性。法律从业者可以根据案件的具体情况，灵活提出各种假设条件，并通过逻辑推理和证据分析来验证这些假设的合理性。

在处理复杂、疑难案件时，假设推理往往能够发挥关键作用。这些案件往往涉及多个法律关系和事实争议，使得法律从业者很难直接得出明确的结论。此时，通过提出多种可能的假设条件，并逐一进行验证和排除，法律从业者可以逐步缩小范围，接近案件真相。这种逐步接近的过程不仅有助于揭示案件背后的法律逻辑和规律，还能够为案件的解决提供有力的支持。假设推理并非凭空猜测，而是要与证据分析紧密结合。在提出假设条件后，法律从业者需要通过收集、分析和评估相关证据来验证这些假设的合理性。证据的充分性和可靠性将直接影响假设推理的结果。因此，在进行假设推理时，法律从业者要注重证据收集和分析工作，确保所提出的假设具有充分的证据支持。

假设推理在法律实务中的另一个重要特点是创新性。通过提出新的假设条件，法律从业者能够打破传统的思维模式和方法，为案件的解决提供新的思路和方向。然而，这种创新性也要谨慎对待。法律从业者要确保所提出的假设具有合理性和可行性，避免过于主观或片面的推断。他们还要在验证假设的过程中保持客观公正的态度，避免受到个人偏见或情感因素的影响。虽然假设推理在法律实务中具有重要作用，但也存在一定的局限性。例如，当案件事实复杂、证据不足时，假设推理可能难以得出明确的结论。此外，假设推理的结果也可能受到法律从业者主观认知和经验水平的影响，产生一定的偏差。为了克服这些局限性，法律从业者要加强逻辑训练，提升证据分析能力，提高专业素养和推理水平。此外，还要不断完善法律体系，明确法律条文的规定和适用范围，为假设推理提供更为准确的依据和参考。

五、因果推理

在法律实务中，因果推理能帮助法律从业者准确理解事件间的因果关系，进而为责任归属和损害赔偿的确定提供有力依据。因果推理不仅需要对案件事实进行深入剖析，还需要结合法律原则和规定，确保推理结果的合法性和合理性。因果推理是指通过分析事物之间的因果关系，推断出某一事件或行为的结果。在法律实务中，因果推理对于确定责任归属和损害赔偿具有重要意义。通过深入剖析案件中的因果关系链，法律从业者能够更准确地把握事件的本质和各方当事人的责任，为案件的公正处理提供有力支持。

在法律实务中，因果关系的识别与分析是因果推理的核心环节。法律从业者需要仔细审查案件事实，确定事件发生的先后顺序和相互之间的联系，运用逻辑推理和证据分析等方法，逐步揭示案件中的因果关系，为后续的责任归属和损害赔偿确定提供依据。因果关系的证明与反驳是法律实务中因果推理的重要环节。法律从业者要通过收集和整理相关证据，证明或反驳案件中的因果关系。在证明因果关系时，法律从业者要确保证据的真实性和充分性，以支持自己的主张。而在反驳因果关系时，法律从业者则需要运用反驳证据和逻辑推理，削弱对方的主张。

因果推理在责任归属的确定中发挥着关键作用。通过深入分析案件中的因果关系链，法律从业者能够确定各方当事人的责任比例和程度。在涉及多方当事人的复杂案件中，因果推理能够帮助法律从业者厘清各方责任，避免责任推诿和纠纷升级。因果推理同样对损害赔偿的计算具有重要影响。在确定损害赔偿责任时，法律从业者需要分析损害结果与行为之间的因果关系，以确定行为人应承担的赔偿责任范围。通过因果推理，法律从业者能够更准确地评估损害程度和赔偿金额，保障当事人的合法权益。

尽管因果推理在法律实务中具有重要意义，但也存在一定的局限性。在某些情况下，因果关系可能难以明确界定或证明；因果推理也可能受到主观认知和情感因素的影响。为了克服这些局限性，法律从业者要不断提高自己的专业素养和逻辑推理能力，同时增强对证据收集和审查的规范性和严谨性。法律实务中也可以借鉴其他学科的研究方法和理论，以丰富和完善因果推理的应用。

六、排除法推理

在法律实务中，面对复杂纷繁的案件事实和多样的法律解释，法律从业者经常需要借助一种高效且实用的推理方法——排除法推理。这种推理方法通过逐一排除不符合事实或法律规定的情况，逐步缩小可能性的范围，最终确定最符合案件事实和法律规定的结论。排除法推理的核心在于通过排除不符合条件或规定的情况，从而确定最可能或最合理的结论。在法律实务中，它主要依赖于对案件事实和法律规定的深入分析和理解。法律从业者通过仔细审查案件材料，结合法律规定，逐步排除那些与事实不符或违反法律的情况，最终得出符合逻辑的结论。

在案件事实分析中，排除法推理发挥着重要作用。法律从业者首先会收集并整理案件相关的所有信息，然后逐一分析这些信息，排除那些明显不符合事实或逻辑的情况。通过这种方式，法律从业者能够逐步聚焦到案件的关键事实和核心争议点，为后续的法律适用和判决说理提供坚实基础。在法律解释与适用方面，排除法推理同样具有实用价值。当面临多个可能的法律解释或适用方案时，法律从业者可以运用排除法推理，逐一分析并排除那些明显不符合法律规定或立法精神的情况。通过这种方式，法律从业者能够更准确地把握法律条文的真实含义和适用范围，确保案件处理的合法性和合理性。

在证据审查环节，排除法推理同样发挥着关键作用。法律从业者需要仔细审查和分析案件中的所有证据，确定其真实性、合法性和关联性。通过排除那些不真实、不合法或与案件无关的证据，法律从业者能够筛选出对案件处理具有关键影响的证据，为案件的公正处理提供有力支持。然而，排除法推理依赖于对案件事实和法律规定的深入理解和分析，如果理解不足或分析不透彻，可能导致排除错误的情况。此外，排除法推理需要一定的时间和资源投入，如果案件情况复杂或信息量大，可能会增加推理的难度和成本。在使用排除法推理时，法律从业者要保持谨慎和客观的态度，确保推理过程的准确性和合法性。

七、概率推理

概率推理，作为一种基于概率论原理的推理方法，在法律实务中发挥着不可或缺的作用。尤其在涉及证据评估、事实认定等关键环节，概率推理为法律从业者提供了量化分析不确定因素的工具，进而帮助他们得出相对合理的结论。在法律实务中，证据是认定案件事实的重要依据。然而，证据本身往往带有一定的不确定性和模糊性。概率推理通过对证据进行量化分析，可以评估证据的可信度，为法律从业者提供科学的决策依据。在刑事案件中，可以通过概率推理分析犯罪嫌疑人的作案动机、作案手段以及犯罪现场留下的痕迹等证据，从而推断犯罪嫌疑人的罪行可能性。

事实认定是法律实务中的核心任务之一。由于案件事实的复杂性和多样性，往往难以直接得出确定性的结论。概率推理通过量化分析事实的可能性，可以帮助法律从业者更准确地认定案件事实。在民事纠纷案件中，可以通过概率推理分析双方当事人的陈述、证人证言等证据，从而判断案件事实的真实性和可信度。在法律实务中，法律从业者往往需要基于现有证据和事实作出决策。概率推理通过提供量化分析的结果，使得决策过程更加科学、客观，法律从业者通过概率推理，可以更加清晰地了解案件中的不确定因素及其影响程度，从而作出更加合理的决策。

概率推理作为一种客观、科学的推理方法，有助于减少主观偏见和情绪因素对案件处理的影响，促进法律实务的公正性。通过概率推理，法律从业者可以更加客观地评估证据和事实，避免因个人主观判断而导致决策产生偏差。随着科学技术的不断进步和司法实践的不断深入，概率推理在法律实务中的应用也在不断拓展和创新。例如，人工智能和大数据技术的发展为概率推理提供了更加高效、准确的分析工具；新的概率推理方法和模型也在不断涌现，为法律实务提供了更加丰富的分析手段。这种创新发展为法律实务带来了新的机遇和挑战，推动了法律实务的不断进步和完善。

八、辩证推理

辩证推理，作为一种深入剖析事物本质和规律的思维方式，在法律实务中发挥着举足轻重的作用。它通过对立面的比较和分析，帮助法律从业者全面、深入地理解案件事实，避免片面和主观的判断，从而得出更加公正、合理的法律结论。在法律实务中，案件事实的认定是解决问题的关键。辩证推理要求法律从业者从多个角度、多个层面去审视案件事实，既要看到事实的表面现象，也要深入挖掘其背后的本质和规律。通过辩证推理，法律从业者可以更加全面地认识案件事实，避免被片面的事实所误导，从而得出更加准确的结论。

法律条文的解释与适用是法律实务中的重要环节。辩证推理有助于法律从业者深入理解法律条文的内涵和外延，把握其立法精神和目的。通过辩证推理，法律从业者可以更加准确地解释和适用法律条文，避免法律适用的偏差和错误，确保法律的正确实施。法律实务中往往涉及多方利益的冲突和权衡。辩证推理要求法律从业者从多个角度出发，全面考虑各方利益，既要维护法律的公正和权威，也要兼顾社会效果和当事人利益。通过辩证推理，法律从业者可以更加客观地评估各方利益，找到利益的平衡点，实现法律效果和社会效果的统一。

辩证推理又称实质推理，是指作为前提条件的两个或两个以上的命题是相互矛盾的，根据辩证思维来选择其中最佳命题来解决法律问题的推理形式。应用逻辑在辩证推理的过程中有着支撑和批驳的作用。辩证推理必然涉及对某些命题的否定和对其他命题的肯定，这需要应用逻辑思维来探寻其他命题中的不符合逻辑之处，从而达到批驳的效果；同时也要根据应用逻辑思维来多方面推导正确命题的合理性，在多方面确保其站得住脚。

例如，在美国著名案件里格斯诉帕尔默一案中，帕尔默毒死了自己的祖父，而祖父的遗嘱中给他留了一大笔遗产。而帕尔默的姑姑里格斯将帕尔默诉至联邦法院，认为既然帕尔默杀死了被继承人，就不得享有继承祖父遗产的权利。这使得法官面临一个难题：帕尔默究竟能否享有继承权。帕尔默祖父的遗嘱在法律上是有效的，帕尔默的律师认为，如果法官判决帕尔默不享有继承权，就是在变更法律，就是在以自己的道德信仰来代替法律明文规定。最后，法官做了决定。他认为，法律的真实意义不是局限于法律条文本身，而是取决于立法者的根本意图，立法者的真实意图肯定不是希望杀人犯去继承死者的遗产。法官强调，法律条文不应被孤立地、片面地、静止地来看待，应该立足当时的历史阶段，着眼于整个法律系统来作出判断。法官应该创造性地构思出与普遍渗透于法律中的正义原则最接近的法律，所以他在结尾援引了一条古老的法律原则："任何人不得在他的错误中获利"，以此来判决帕尔默不得享有继承权。

从这个案件中可以看出相互争执的两方观点：是恪守法律条文还是探寻法律条文背后的目的和意义。对于这两个矛盾命题，法官在应用逻辑的指导下开展的便是辩证推理，先破后立，指出了死守法律条文的刻板迂腐，并强调了探索立法者意图的合理性。尽管并非所有人都完全赞同法官的观点，但是他所采用的辩证推理堪称经典。在应用逻辑推理指导下的辩证推理展示了条理的清晰性、可辩性。先破后立、有破有立正是应用逻辑在辩证推理中的一个具体体现。

辩证推理是一种高级的思维方式，它要求法律从业者具备深厚的法律功底和敏锐的洞察力。通过运用辩证推理，法律从业者可以不断提升自己的思维水平和解决问题的能力。辩证推理使法律从业者能够更加深入地分析问题，把握问题的本质和规律，从而得出更加科学、合理的结论。公正与合理是法律实务的核心价值追求。辩证推理作为一种客观、全面的推理方法，有助于促进法律实务的公正与合理，可以帮助法律从业者更加客观地评估案件事实和各方利益，避免主观偏见和情绪因素的影响，从而确保法律结论的公正性和合理性。辩证推理也有助于增强法律结论的说服力和公信力，提高公众对法律实务的信任度。

第三节　提高逻辑推理能力的途径

一、系统学习逻辑学知识

系统学习逻辑学知识对于法律从业者来说至关重要，这不仅是提升逻辑推理

/ **法律推理与证据规则** 逻辑推理在法律实务中的应用 /

能力的关键,也是确保案件分析准确无误的基础。逻辑学是一门研究推理和论证的科学,它涉及思维的形式、规则和规律。在学习逻辑学的过程中,首先需要掌握一些基本概念,如命题、推理、论证等。命题是陈述句所表达的意义,是逻辑推理的基本单位;推理是由一个或多个命题得出另一个命题的过程;论证则是通过推理来支持或反驳某个观点的过程。这些基本概念是后续学习的基础,对于理解逻辑学的原理和方法具有重要意义。

命题逻辑是逻辑学的一个重要分支,它研究的是由简单命题通过逻辑连接词构成的复合命题的真假关系。在学习命题逻辑时,需要掌握各种逻辑连接词,如"且""或""非"等,以及它们对命题真值的影响。此外,还需要学习命题逻辑的推理规则,如假言推理、选言推理、拒取式推理等。这些推理规则有助于法律从业者在案件分析中构建正确的逻辑链条,避免逻辑错误。

谓词逻辑是逻辑学的另一个重要分支,它研究的是包含谓词(表示属性或关系)的逻辑表达式。与命题逻辑相比,谓词逻辑能够更精确地描述现实世界中的复杂关系。在学习谓词逻辑时,法律从业者需要掌握量词(如全称量词、存在量词)的使用,以及谓词逻辑的推理规则。这些知识有助于法律从业者在案件分析中更准确地描述事实、分析法律关系,从而得出更准确的结论。

归纳逻辑是从个别到一般的推理方法,它通过观察和分析具体事例来总结一般规律。在法律实践中,归纳逻辑常常被用于案例分析和法律规则的总结。学习归纳逻辑时,需要掌握归纳推理的基本原则和方法,如简单枚举归纳、科学归纳等;还需要注意归纳推理的局限性,避免过度泛化或忽略特殊情况。通过运用归纳逻辑,法律从业者可以更好地总结案件特点和规律,为类似案件的处理提供借鉴。

演绎逻辑是从一般到个别的推理方法,它根据已知的一般原理来推导个别结论。在法律实践中,演绎逻辑是构建案件论证的主要方法。学习演绎逻辑时,需要掌握演绎推理的基本形式,如三段论、假言推理等。这些推理形式有助于法律从业者在案件分析中构建严密的逻辑链条,确保论证的准确性和说服力;还需要法律从业者注意演绎推理的前提必须真实可靠,否则结论的正确性将受到质疑。

逻辑学在法律实践中的应用非常广泛。在案件分析中,法律从业者需要运用逻辑学原理和方法来梳理案件事实、分析法律关系、构建论证框架；这有助于确保案件分析的准确性和客观性。在法庭辩论中，逻辑学也发挥着重要作用。法律从业者需要运用逻辑推理来支持自己的观点、反驳对方的论点，从而赢得法官的认可。在制定法律法规和司法解释时，也需要运用逻辑学来确保法律条文之间的协调性和一致性。

二、加强法律专业知识学习

法律专业知识是逻辑推理的基础，是法律从业者进行案件分析、法律解释和法律应用的基石。法律条文是法律的基本构成单位，而法律原则是指导法律适用的基本准则。法律从业者必须深入学习和理解每一个法律条文的含义、适用范围和限制条件，以便在案件处理中能够准确引用和解释法律条文。法律原则的学习有助于培养法律思维，使法律从业者在面对复杂案件时能够运用原则进行逻辑推理，找到解决问题的最佳路径。

法律解释是将法律条文适用于具体案件的过程，它需要法律从业者具备一定的解释方法和技巧，包括文义解释、系统解释、历史解释、目的解释等多种方法。法律从业者应当通过学习和实践，熟练掌握这些解释方法，以便在案件处理中准确理解法律条文的含义，并将其正确适用于具体案件。法律实务是法律知识的具体运用，而判例则是法律实务的重要体现。法律从业者应当关注法律实务的最新动态，了解最新的法律问题和解决方案。判例的学习有助于从业者了解司法实践中的具体做法和裁判思路，从而在实际工作中更好地运用法律知识。通过关注法律实务动态和判例，法律从业者可以不断更新和完善自己的知识体系，提高解决实际问题的能力。

法律思维是以法律知识和法律原则为基础，运用逻辑推理和分析方法解决问题的思维方式。加强法律思维与逻辑训练有助于法律从业者更好地理解和应用法律知识，提高案件处理的质量和效率。具体而言，可以通过参加法律逻辑课程、参与模拟法庭辩论、撰写法律论文等方式进行训练，不断提升自己的法律思维和逻辑推理能力。理论与实践相结合是提升法律专业知识的有效途径。法律从业者应当积极参与法律实践,通过处理实际案件来检验和巩固所学的法律知识。学术研究也是深化法律理解、拓宽法律视野的重要方式。法律从业者可以通过参与课题研究、发表学术论文等方式,将自己的实践经验与理论知识相结合,推动法律学科的发展。法律是一个不断发展的学科,新的法律条文、法律原则和法律制度不断涌现。法律从业者应当保持持续学习的态度,不断跟踪法律发展的最新动态,及时更新自己的知识体系。此外,随着社会的进步和科技的发展,法律领域也面临着新的挑战和机遇。法律从业者需要关注跨学科的法律问题,如人工智能、大数据、生物科技等领域的法律问题,以便更好地适应未来法律职业的发展需求。

三、积累案件分析经验

积累案件分析经验是法律从业者提升逻辑推理能力不可或缺的一环。通过深入剖析案件,法律从业者不仅能够锻炼自己的思维能力,还能够从中汲取宝贵的经验教训,为未来的工作提供有力支持。实践是检验真理的唯一标准,对于法律从业者而言,处理大量案件是提升逻辑推理能力的必由之路。通过亲身参与案件的处理,法律从业者能够接触到各种复杂的法律问题和实际情境,从而锻炼自己的法律思维和逻辑推理能力。在实践中,法律从业者要不断运用逻辑推理方法,从案件事实中提炼出关键问题,进行深入的法律分析和论证。这种锻炼不仅能够提升法律从业者的专业素养,还能够增强其在复杂情境下应对问题的能力。

逻辑推理是案件分析的核心方法。在案件分析过程中,法律从业者需要运用归纳、演绎、类比等逻辑推理方法,对案件事实进行梳理和分析。通过归纳案件中的共同点,法律从业者能够提炼出案件的关键问题;通过演绎法律规则和原则,法律从业者能够对案件进行深入的法律推理;通过类比相似案例,法律从业者能够为案件的处理提供有力的参考。这些逻辑推理方法的运用,能够帮助法律从业者更加准确地把握案件的本质和关键,为案件的解决提供有力的支持。

每个案件分析都是一次宝贵的学习机会。在案件分析过程中,法律从业者要善于通过总结成功的案例,提炼出有效的法律思维和逻辑推理方法;通过反思失败的案例，找出自己在案件分析中的不足和错误，从而在未来的工作中避免重蹈覆辙。这种总结和反思的过程，不仅能够帮助法律从业者不断提升自己的逻辑推理能力，还能够为其未来的职业发展提供有力的支持。

积累案件分析经验是一个持续不断的过程。在每一次案件分析后，法律从业者都要对自己的逻辑推理能力进行客观评估，找出不足之处并制订改进计划。通过不断学习新的法律知识、掌握新的逻辑推理方法、参与更多复杂案件的处理，法律从业者能够不断提升自己的逻辑推理能力。同时，法律从业者还要保持开放的心态，积极接受他人的意见和建议，以便更好地改进自己的逻辑推理能力。在积累案件分析经验的过程中，法律从业者还应注重拓宽自己的视野，增强跨领域合作能力。现代社会中，法律问题往往与其他领域的问题相互交织，这要求法律从业者具备跨学科的知识背景和合作能力。因此，法律从业者应积极参与跨领域的交流和合作，了解其他领域的知识和思维方式，以便更好地应对复杂的法律问题。通过与其他领域的专家进行合作，法律从业者不仅能够拓宽自己的视野，还能够学到更多的逻辑推理方法和技巧，进一步提升自己的逻辑推理能力。

四、参加专业培训和交流活动

参加专业培训和交流活动对于提高法律从业者的逻辑推理能力至关重要。这些活动不仅能够让法律从业者接触到最新的法律理论和实务动态，还能够学到先进的逻辑推理方法和技巧。专业培训和交流活动通常聚焦于当前法律领域的热点问题和前沿理论。通过参加这些活动，法律从业者能够第一时间了解到最新的法律条文、司法解释以及实务操作的变化。这些新知识不仅有助于法律从业者更好地理解和应用法律，还能够为其逻辑推理提供更为坚实的理论基础。了解最新的实务动态也有助于法律从业者从实际案例中提炼出逻辑推理的要点和技巧，进一步提升其逻辑推理能力。

专业培训和交流活动往往邀请业内专家和学者进行授课和分享。这些专家和学者通常具有丰富的实践经验和深厚的理论素养，能够向法律从业者传授先进的逻辑推理方法和技巧。通过学习这些方法和技巧，法律从业者能够更加系统地掌握逻辑推理的精髓，提高自己在案件分析中的准确性和效率；还可以更好地应对复杂的法律问题和挑战，从而提升整体逻辑推理水平。

参加专业培训和交流活动意味着将与来自不同背景、不同领域的法律人进行交流和讨论。这种跨领域的交流有助于法律从业者拓宽视野，了解不同领域的法律问题和解决方案。通过与其他法律人的深入交流，法律从业者可以从中获得新的启示和灵感，进一步启发自己的思路；这种思维的碰撞和融合有助于提升创新能力和逻辑推理水平，使其在案件分析中能够提出更具创新性和可行性的解决方案。专业培训和交流活动不仅是学习和交流的平台，也是建立人脉资源的重要途径。通过参加这些活动，法律从业者可以结识来自全国各地的同行和专家，建立广泛的人脉网络。这些人脉资源不仅可以为从业者提供更多的学习和合作机会，还可以在遇到疑难案件时提供有力的支持和帮助。此外，通过与其他法律人的合作和交流，法律从业者可以学到更多的逻辑推理方法和技巧，共同提升逻辑推理能力。

参加专业培训和交流活动并不是学习的结束，而是一个新的开始。在参与活动的过程中，法律从业者要不断反思和总结自己的学习和交流经验。通过回顾专家的授课内容、与其他法律人的讨论以及自己在活动中的表现，法律从业者可以找出自己在逻辑推理方面的不足之处，并制订有针对性的改进计划。法律从业者还可以将活动中学到的知识和方法应用到实际工作中，通过实践来检验和提升自己的逻辑推理能力。这种持续反思和总结的过程有助于法律从业者形成有效的学习闭环，不断提升逻辑推理水平。

五、注重批判性思维的培养

注重批判性思维的培养对于法律从业者来说，无疑是提升逻辑推理能力的关键所在。批判性思维不仅能够帮助法律从业者独立思考、深入分析案件，还能确保其在复杂多变的法律环境中保持客观、公正的态度。独立思考是批判性思维的核心。法律从业者需要具备自主分析、判断案件事实和法律问题的能力，而不是盲目追随他人的观点或结论。通过培养独立思考能力，法律从业者能够更加深入地理解案件背后的逻辑关系和法律问题,形成自己的见解和判断。这种独立思考的能力有助于法律从业者在面对复杂案件时,迅速找到问题的关键所在,提出有效的解决方案。

批判性思维要求法律从业者对接收到的信息进行质疑和评估。在案件分析过程中,法律从业者需要对案件事实、证据以及他人的观点进行审慎分析,而不是轻易接受表面现象或既定结论。通过提出质疑、收集证据、进行逻辑推理,法律从业者能够更加准确地把握案件真相,避免被误导或欺骗。对他人观点的评估也有助于法律从业者形成更加全面、客观的看法,从而提高案件处理的公正性和准确性。批判性思维强调客观、公正的态度。在案件分析过程中,法律从业者要保持冷静、理性的头脑,不受个人情感、偏见或利益冲突的影响。只有保持客观公正的态度,法律从业者才能对案件进行公正、公平的评估和处理,维护法律的尊严和权威。客观公正的态度也有助于提升法律从业者的职业形象和信誉,赢得公众的信任和尊重。

批判性思维能够帮助法律从业者深化对法律问题的理解。通过对法律条文、案例以及法律原则的深入分析和探讨,法律从业者能够更加准确地把握法律的本质和精髓。这种深入的理解有助于法律从业者在案件处理中更加灵活地运用法律知识,从而提高案件处理的效率和质量。同时,深化对法律问题的理解也有助于法律从业者不断提升自己的专业素养和能力水平,为更好地履行职业职责提供有力支持。批判性思维对于提高逻辑推理的严密性和准确性至关重要。通过培养批判性思维,法律从业者能够更加严谨地运用逻辑推理方法,对案件事实进行细致入微的分析和推理。这种严密的逻辑推理有助于确保法律从业者得出的结论更加准确、可靠,避免出现逻辑漏洞或错误。批判性思维也有助于法律从业者及时发现和纠正自己在逻辑推理过程中的偏差和错误,提高案件处理的准确性和公正性。

六、利用科技手段辅助逻辑推理

利用科技手段辅助逻辑推理已经成为现代法律从业者提升工作效率和准确性的重要途径。大数据、人工智能等先进技术的应用,不仅为法律从业者提供了更

/ **法律推理与证据规则** 逻辑推理在法律实务中的应用 /

为丰富的信息资源和高效的处理工具,还能够帮助他们更加精准地识别案件中的关键问题,进行深入的逻辑推理和论证。在案件分析过程中,信息的收集和筛选是至关重要的。传统的手工搜索方式不仅效率低下,而且难以保证信息的全面性和准确性。而大数据技术则可以通过对海量数据的挖掘和分析,快速提取出与案件相关的关键信息,帮助法律从业者对案件相关的法律条文、案例、统计数据等进行全面检索,从而快速构建案件的知识图谱,为逻辑推理提供坚实的信息基础。

人工智能技术的发展为法律从业者提供了强大的逻辑推理辅助工具。通过训练机器学习模型,人工智能可以学习法律知识和推理规则,进而对案件进行自动化的分析和预测。例如,人工智能可以根据案件事实和证据,自动匹配相关法律条文和案例,为法律从业者提供初步的法律意见和推理路径。人工智能还可以对案件数据进行自动化处理和分析,帮助法律从业者发现隐藏在数据中的规律和趋势,为逻辑推理提供有力的数据支持。

自然语言处理技术是科技手段辅助逻辑推理的重要工具之一。通过自然语言处理技术,法律从业者可以对案件文本进行自动分词、词性标注、句法分析等操作,提取出文本中的关键信息和语义关系。这不仅有助于法律从业者快速理解案件事实和法律问题,还能够为逻辑推理提供更为精准的文本分析支持。自然语言处理技术还可以用于法律文书的自动生成和审核,提高法律文书的质量和效率。

可视化工具能够将复杂的逻辑推理过程以直观、易懂的方式呈现出来,帮助法律从业者更好地理解和把握案件的逻辑关系。通过利用图表、图形等可视化工具可以将案件数据、法律条文、推理路径等信息以直观的方式展示出来,使得逻辑推理过程更加清晰明了。这不仅有助于法律从业者快速识别案件中的关键问题,还能够提高他们在法庭辩论和文书写作中的表达能力。

科技手段在逻辑推理中的应用是一个不断创新和发展的过程。法律从业者需要保持对新技术的关注和学习,不断更新自己的知识和技能,以便更好地利用科技手段提升逻辑推理能力。法律从业者还需要积极参与科技应用的创新实践,探索将新技术与法律工作相结合的新模式和新方法,推动科技手段在逻辑推理中的深入应用和发展。

七、坚持反思与自我提升

坚持反思与自我提升在提高逻辑推理能力的过程中具有重要地位。对于法律从业者而言，反思不仅是一种自我审视的方式，更是一种不断提升自身能力的有效途径。通过深入反思，法律从业者可以发现自己在逻辑推理方面的短板，进而制订有针对性的提升计划。同时，保持积极的学习态度，不断吸收新知识、新技能，也是提升逻辑推理能力的关键所在。法律从业者应当定期回顾自己的案件分析过程，包括重新审视案件事实、证据、法律适用以及推理过程等各个环节，可以发现自己在逻辑推理方面的不足之处，比如是否遗漏关键信息、推理是否严密、结论是否合理等；也可以总结自己在案件分析中的成功经验和做法，以便在今后的工作中加以借鉴和应用。

在回顾案件分析过程的基础上，法律从业者要认真识别自己在逻辑推理方面存在的问题，包括逻辑推理不够严密、对法律条文理解不够深入、对案件事实把握不够准确等。通过识别这些问题，可以更加清晰地了解自己的短板和不足之处，为制订提升计划提供依据。针对识别出的问题，法律从业者要制订具体的提升计划，如学习新的逻辑推理方法、加深对法律条文的理解、提高案件事实把握能力等。还可以寻求外部帮助，比如参加专业培训、向同行请教、阅读相关书籍等。通过制订和实施提升计划，可以逐步弥补自己在逻辑推理方面的不足，提高案件处理的准确性和效率。

提升逻辑推理能力对于法律从业者来说是一个持续的、动态的过程，需要法律从业者保持积极的学习态度。随着法律实务的不断发展变化，新的法律问题、新的法律条文不断涌现，这就要求法律从业者不断更新自己的知识体系，掌握最新的法律知识。同时也需要关注逻辑推理领域的新理论、新方法，不断拓宽自己的视野和思路。除了学习新知识和理论，实践锻炼和经验积累也是提升逻辑推理能力的重要途径。法律从业者需要积极参与各种案件的处理工作，通过实践来检验和提升自己的逻辑推理能力。在实践中，可能遇到各种各样的法律问题和复杂情况，通过不断积累实践经验，法律从业者可以形成自己独特的逻辑推理方法和风格，从而提高自己的专业素养和综合能力。

第五章 法治思维与法律语言的结合

第一节 法律语言在法治思维中的体现

法治思维是现代社会的核心思维方式之一，它要求人们在面对问题时，以法律为准绳，以法律逻辑为工具，以法律价值为导向，进行思考和决策。在这一过程中，法律语言作为法治思维的重要载体和表现形式，发挥着不可替代的作用。法律语言不仅体现了法治思维的逻辑性和规范性，还反映了法治思维的公正性和权威性。因此，深入探讨法律语言在法治思维中的体现，对于提升法治思维能力、推动法治社会建设具有重要意义。

一、法律语言与法治思维的内在关联

法律语言与法治思维之间存在着紧密的内在关联，这种关联不仅体现在法律语言的形成和发展与法治思维的相互影响上，更体现在法律语言作为法治思维实现工具的重要角色上。法律语言是法治思维的直接表达工具。法治思维强调依法办事、依法决策、依法管理，这种思维方式需要通过准确、规范的法律语言来加以表达。法律语言具有严谨性、精确性和权威性的特点，能够确保法律概念、法律规则和法律原则的准确传达，从而避免歧义和误解。通过法律语言的运用，法治思维得以转化为具体的法律条文、法律制度和法律实践，进而实现法律的规范作用和社会治理的法治化。

法律语言不仅是法治思维的表达工具，更是法治思维核心价值的载体。法治思维强调法律至上、公平正义、权利保障等核心价值观念，这些价值观念通过法律语言的运用得以体现和传播。法律语言中的每一个词汇、每一个句子都蕴含着深刻的法律精神和价值追求，通过法律语言的运用，可以更好地理解和传播法治思维的核心要义，推动法治文化的形成和发展。法律语言具有逻辑严密、条理清晰的特点，这有助于促进法治思维的逻辑分析。法治思维需要对复杂的法律现象和法律问题进行深入的分析和判断，法律语言在此过程中发挥着关键作用。通过法律

语言的运用，可以将复杂的法律问题转化为明确的法律概念和法律规则，进而进行逻辑推理和判断。法律语言的精确性和规范性也能够帮助法律从业者避免在逻辑分析中出现错误和偏差，确保其思维过程符合法治的要求。

法律语言与法治思维之间的互动关系也推动了法治思维的创新发展。随着社会的不断发展和进步，新的法律问题和挑战不断涌现，这要求法治思维不断适应时代的变化和发展。在这个过程中，法律语言作为法治思维的表达工具，也需要不断发展和创新。通过引入新的法律概念、完善法律规则、优化法律表达方式等，法律语言为法治思维的创新发展提供了有力的支持。法治思维的创新发展也推动了法律语言的丰富和完善，两者相互促进、共同发展。

法律语言和法治思维在塑造法治社会中发挥着重要作用。法治社会是一个以法律为基石、以法治为灵魂的社会形态，而法律语言和法治思维则是构建法治社会的重要工具和思维方式。通过法律语言的运用和法治思维的普及，可以推动全社会形成尊法学法守法用法的良好氛围，提高全社会的法治意识和法治素养。法律语言和法治思维也能够为法律的制定、实施和监督提供有力的保障和支持，确保法律在社会治理中的权威性和有效性。

二、法律语言在法治思维中的逻辑体现

法律语言在法治思维中的逻辑体现，是法治体系内在逻辑性和规范性的重要展现。法律语言作为法治思维的基础和工具，通过其精确、严谨的表达，将法律概念、规则和原则转化为可操作的逻辑结构，为法律推理和决策提供了坚实的逻辑支撑。法律语言是法治思维的基石，它通过精确界定法律概念，为法治思维提供了明确的前提和基础。法律概念是法律逻辑的起点，它是对法律现象和法律事实的抽象和概括。在法律语言中，每一个法律概念都有其特定的内涵和外延，通过严格的定义和界定，确保了法律概念的准确性和一致性。这种精确界定不仅有助于我们准确理解法律条文和法律制度，还能够在法律推理中避免歧义和误解，保证推理的准确性和有效性。

法律规则是法治思维的重要组成部分，它通过逻辑结构将法律要求转化为具体

的行为规范。在法律语言中，法律规则通常表现为"假定条件—行为模式—法律后果"的逻辑结构。这种结构确保了法律规则的完整性和可操作性，使得法律规则能够在实际生活中得到有效执行。法律规则的逻辑结构也体现了法治思维中的权利和义务对应关系，即人们在享受法律赋予的权利的同时，也必须承担相应的义务和责任。法律原则是法治思维的核心价值观和指导方针，它通过逻辑推导贯穿于整个法律体系之中。在法律语言中，法律原则通常表现为一种抽象的价值判断或行为准则，它是对法律规则和法律制度的概括和升华。通过逻辑推导，法律原则能够指导人们在面对具体法律问题时进行正确的价值判断和选择，确保法律决策的合法性和合理性。法律原则的逻辑推导也有助于人们理解法律规则和法律制度背后的深层逻辑和价值追求，从而更好地把握法治思维的精髓。

法律推理是法治思维的重要体现，它通过逻辑推理将法律概念、规则和原则应用于具体案件之中。在法律语言中，法律推理表现为一种严谨的逻辑过程，包括事实认定、法律适用和结论推导等环节。在事实认定环节，法律语言通过精确描述案件事实和证据，为推理提供了可靠的事实基础；在法律适用环节，法律语言通过准确援引相关法律规则和原则，为推理提供了明确的法律依据；在结论推导环节，法律语言通过严密的逻辑推理，将法律要求和案件事实相结合，得出符合法治精神的结论。

法律文书是法治思维的重要载体，它通过逻辑严谨的表达将法治思维转化为具体的法律实践。在法律语言中，法律文书的逻辑严谨性体现在结构清晰、论证充分、表达准确等方面。一份逻辑严谨的法律文书不仅能够清晰地阐述案件事实和法律问题，还能够充分展示推理过程和法律依据，使得法律决策具有说服力和可信度。法律文书的逻辑严谨性也有助于提高司法公信力和法治权威，推动法治社会的建设和发展。法律语言的使用不仅体现了法治思维的逻辑性，更在无形中强化了这一逻辑性。通过使用严谨、精确的法律语言，法律从业者能够在思考问题时更加注重逻辑推理和论证，从而培养出更加严谨的法治思维。这种思维方式的形成，不仅有助于提升法律从业者的专业素养，还能够推动整个社会的法治化进程。

三、法律语言在法治思维中的价值体现

法治思维作为现代国家治理的核心思维方式，其核心价值在于维护社会公正、保障人权以及促进社会和谐。法律语言作为法治思维的重要载体和表达工具，其价值体现与法治思维的核心价值紧密相连。公正性是法治思维的首要价值，也是法律语言的核心追求。在法律语言中，公正性通过精确、客观和中立的表达方式得以实现。法律语言要求对法律概念进行准确界定，对法律规则进行清晰阐述，确保法律条文能够客观反映社会现实和公平正义的要求。法律语言的中立性也确保了法律适用的公正性，避免了主观偏见和利益倾向的干扰。通过法律语言的运用，我们能够更好地实现法治思维的公正性价值，保障社会公平和正义得以实现。

人权保障是法治思维的重要价值之一，也是法律语言的重要体现。法律语言通过明确规定权利与义务，保障公民的基本权利和自由。无论是宪法还是其他法律条文，法律语言都详细列举了公民的各项权利，如言论自由、人身自由、财产权等，并规定了相应的保护措施。法律语言还体现在通过严格的程序和规定，确保公权力在行使过程中不侵犯公民的权利。这种对人权的明确保障和尊重，正是法治思维和人权观念在法律语言中的体现。和谐稳定同样是法治思维的追求目标，也是法律语言的价值所在。法律语言通过规范社会行为、化解矛盾纠纷，促进社会的和谐与稳定。法律语言具有明确性、规范性和权威性，能够为人们提供清晰的行为指南和纠纷解决机制。当人们面临纠纷或冲突时，可以依据法律语言所表达的法律规则和原则，通过法律途径进行解决，避免暴力冲突和社会动荡。法律语言的这种作用，有助于维护社会秩序的稳定，推动社会的和谐发展。

法治精神是法治思维的核心内容，它强调法律的权威性和普遍适用性。法律语言作为法治精神的载体，通过其规范、严谨的表达方式，传播法治思维和法治精神。法律语言中的术语、概念、规则等，都是对法治精神的诠释和体现。通过学习和运用法律语言，人们能够深入理解法治思维的核心要义，形成尊法学法守法用法的良好氛围。这种法治精神的传播和普及，有助于推动全社会形成法治信仰和法治文化，为法治建设提供坚实的思想基础。法治思维需要不断创新和发

展,以适应时代的变化和社会的需求。法律语言作为法治思维的表达工具,同样需要不断创新和发展。随着社会的发展和进步,新的法律问题和挑战不断涌现,这就要求法律语言不断更新和完善,以适应法治思维创新发展的需要。法律语言的创新发展可以体现在新概念的引入、新规则的制定、新表达方式的探索等方面。

四、法律语言在法治思维中的实践应用

法治思维作为现代国家治理的核心思维方式,其实现离不开法律语言的实践应用。法律语言不仅是法治思维的表达工具,更是法治实践中的重要载体。在立法、执法、司法等各个环节中,法律语言的精准运用直接关系到法治思维的有效贯彻和法治目标的实现。立法是法治的起点,而法律语言的精确运用则是确保立法质量的关键。在立法过程中,法律语言的应用主要体现在法律条文的起草、审议和修改等环节。立法者需要运用准确、清晰、严谨的法律语言,将社会需求和公共利益转化为具体的法律规则。立法者还需充分考虑法律语言的逻辑性和系统性,确保法律条文之间的协调性和一致性。通过精准的法律语言应用,立法者能够制定出符合法治精神、适应社会发展需要的法律规范,为法治实践提供坚实的法律基础。

执法是法治的重要环节,而法律语言的规范使用则是执法公正的重要保障。在执法过程中,执法人员需要运用法律语言对违法行为进行认定、处罚和纠正。这就要求执法人员必须熟练掌握法律术语、准确理解法律条文,并能够运用法律语言对案件进行客观、公正的表述。执法人员还需注重法律语言的通俗性和易懂性,以便更好地向当事人解释法律规定和执法依据。通过规范的法律语言应用,执法人员能够确保执法行为的合法性和公正性,维护法治的权威和公信力。

司法是法治的最后一道防线,而法律语言的精准运用则是司法公正的关键所在。在司法过程中,法官和检察官需要运用法律语言对案件进行审理、裁决和起诉。这就要求司法人员必须具备深厚的法律素养和精湛的语言表达能力,能够准确理解案件事实、适用法律条文,并通过法律语言对案件进行清晰、准确的阐述和裁决。司法人员还需注重法律语言的规范性和严谨性,避免使用模糊、含糊不

清的表达方式。通过精准的法律语言应用，司法人员能够确保司法裁判的公正性和权威性，维护社会公平正义。

普法教育是提升公民法治素养、推动法治社会建设的重要途径。在这一过程中，法律语言的普及和应用显得尤为重要。通过运用通俗易懂、生动有趣的法律语言，普法教育者能够向公众普及法律知识、传播法治精神，提高公民的法律意识和法治观念。普法教育者还需根据不同受众的特点和需求，灵活运用法律语言进行有针对性的普法宣传和教育活动，以提升普法教育的实效性和针对性。

法律服务是法治建设的重要组成部分，而法律语言的运用则是法律服务质量的重要保障。在法律服务过程中，律师、法律顾问等法律专业人士需要运用专业、精准的法律语言为当事人提供法律咨询、代理诉讼等服务。通过运用法律语言对案件进行深入分析和精准判断，法律专业人士能够为当事人提供有效的法律帮助和解决方案。法律专业人士还需注重法律语言的规范性和严谨性，以维护法律服务的专业性和权威性。

五、法律语言对法治思维能力的提升作用

法治思维能力是法律专业人士必备的核心素质，而法律语言作为法治思维的重要载体和表达工具，对于提升法治思维能力发挥着至关重要的作用。通过学习和运用法律语言，法律专业人士能够更深入地理解法律体系和法律精神，提高法律逻辑能力和法律分析能力，从而更有效地参与法治实践活动，推动法治社会的建设和发展。法律语言作为法律文化的重要组成部分，承载着丰富的法律信息和法治精神。通过学习法律语言，法律专业人士能够接触到大量的法律术语、法律概念和法律规则，有助于更深入地了解法律体系和法律运作机制。

法律语言具有严谨的逻辑性和系统性，这就要求法律专业人士在运用法律语言时必须遵循一定的逻辑规则和思维方法。通过学习和实践法律语言，法律专业人士能够逐渐培养出清晰、严谨的法律逻辑思维，学会运用逻辑推理、归纳演绎等方法对法律问题进行分析和判断，有助于法律专业人士在面对复杂法律问题时迅速找到问题的核心，提出有效的解决方案。法律分析能力是法治思维能力的重要组成

部分，它要求法律专业人士能够准确理解法律条文、法律原则和法律精神，并运用这些法律知识对具体案件进行分析和判断。法律专业人士掌握了法律语言，对于提高法律分析能力至关重要。能够更准确地理解法律条文的含义和适用范围，更深入地分析案件的法律关系和法律责任，从而更准确地把握案件的法律性质和处理原则。

法治实践是法治思维的重要体现，而法律语言的运用则是参与法治实践的必要条件。通过学习和运用法律语言，法律专业人士不仅能够更好地理解和参与立法、执法、司法等法治实践活动，积极维护自身合法权益，推动社会公平正义的实现；还能够提高在法治实践中的沟通能力和协作能力，能够更好地与他人合作，共同推动法治社会的建设和发展。随着社会的不断发展和进步，法治建设也面临着新的挑战和机遇。法律语言的学习和运用能够激发创新思维和创造力，推动法治思维的不断创新和发展。通过学习和掌握新的法律术语、法律概念和法律规则，法律专业人士能够不断拓展法治思维的视野和深度，提出新的法治理念和法治方案，为法治建设注入新的活力和动力。

第二节　法治思维对法律语言的要求

法治思维强调在法律的框架内思考问题、解决问题，要求法律专业人士在处理各种社会问题时，必须遵循法律的逻辑和规则。而法律语言，作为法律规范的载体和表达工具，其精确性、严谨性和规范性直接影响到法律的实施效果。因此，法治思维对法律语言有着特定的要求。

一、精确性要求

法治思维要求法律语言具备高度的精确性，不仅体现在法律概念的准确界定上，还贯穿于法律规范的明确表述以及法律关系的精确描述之中。法律概念是构成法律体系的基石，其界定的精确性直接关系到法律适用的准确性和公正性。法律语言通过严谨、明确的术语，对法律概念进行精确界定，避免了歧义和模糊性。这种精确性不仅有助于法律从业者准确理解和适用法律，也为公众提供了明确的法律指引。例如，在刑法中，对于"故意""过失"等概念的精确界定，直接关系到犯罪行为的认定和刑罚的适用。

法律规范作为法律行为的准则，其表述的明确性对于公众理解和遵守法律至关重要。法律语言通过清晰、具体的表述方式，将法律规范准确地传达给公众，使公众能够明确自己的权利和义务。这种明确性不仅有助于维护法律的权威性和公信力，也有助于提高公众的法律意识和法治观念。明确的法律规范还为法律从业者提供了明确的指导，确保法律适用的准确性和一致性。法律关系是法律主体之间基于法律规定而产生的权利和义务关系。法律语言通过精确描述法律关系，明确了各方主体的权利和义务，为法律实施提供了有力的保障。在民事法律关系中，法律语言精确描述了当事人之间的权利义务关系，为合同纠纷、财产纠纷等问题的解决提供了明确的法律依据。在刑事法律关系中，法律语言精确界定了犯罪行为的构成要件和刑事责任，为打击犯罪、维护社会秩序提供了有力的法律武器。

法律语言的精确性不仅体现了法律的专业性和严谨性，而且对提升法律的权威性和公信力至关重要。当法律语言能够准确、清晰地传达法律意图和规范时，公众对法律的信任度会随之提升。这种信任感是法治社会建设的重要基石，它有助于增强公众对法律制度的认同感和遵守法律的自觉性。精确的法律语言也有助于提升法律从业者的职业素养和形象，树立法律职业群体的良好社会形象。

随着社会的不断发展和进步，新的法律问题和挑战不断涌现，这就要求法律语言不断适应时代发展的需要，进行不断的完善和发展。精确性要求是推动法律语言发展的重要动力之一。为了满足法治思维对精确性的要求，法律语言需要不断吸收新的法律概念、术语和表达方式，以适应新的法律实践需求。法律语言也需要不断进行规范和统一，避免产生歧义和误解，确保法律适用的准确性和一致性。

二、严谨性要求

法治思维对法律语言提出了严谨性的要求。严谨性不仅是法律语言的基本属性，更是法治思维得以有效实施的重要保障。法律语言要求逻辑严密，表达完整，这是其严谨性的首要体现。在法治思维中，法律语言必须能够准确、全面地表达法律规范和法律意图，不得出现逻辑上的漏洞或矛盾。这种逻辑严密性不仅体现在法律条文的表述上，也贯穿于法律解释、法律推理等各个环节。例如，在制定法律时，法律语言必须确保各项条款之间的逻辑关系清晰、合理，避免出现相互冲突或矛盾的情况。在解释和适用法律时，法律语言也需要遵循严格的逻辑规则，确保解释和推理的准确性和一致性。

法律语言的严谨性还体现在遵循严格的语法规范和清晰的结构上。法律语言应遵循语言学的基本规则，使用准确的词汇、恰当的句式和合理的段落安排，以确保表达的准确性和清晰度。法律语言还应注重结构的层次性和条理性，使法律规范呈现出清晰、有序的逻辑结构。这种规范性和清晰性有助于公众理解和遵守法律，也有助于法律从业者准确适用法律、解决法律纠纷。法律语言的严谨性还要求其在表达上保持连贯性和一致性。在法治思维中，法律语言应确保各项法律规范之间的内在联系和相互协调，避免出现相互冲突或矛盾的情况。这就要求法律语言在表述上要注重整体性和系统性，将各项法律规范有机地结合起来，形成一个完整、统一的法律体系。在修改和废止法律时，法律语言也应保持连贯性和一致性，确保新旧法律之间的衔接和协调。

法律语言的严谨性对于提升法律规范的权威性和公信力具有重要意义。严谨的法律语言能够准确传达法律的精神和意图，从而赢得公众的信任和尊重。当法律语言在表达上严密、完整、逻辑清晰时，它更容易被公众理解和接受法律规范，从而增强公众对法律的认同感和遵守法律的自觉性。严谨的法律语言也有助于树立法律职业的权威形象，提升法律从业者的职业素养和社会地位。法律语言的严谨性对于保障法律实施的公正性和效率性同样至关重要。在司法实践中，严谨的法律语言有助于法官准确理解案件事实、正确适用法律规范，并作出公正合理的判决。

严谨的法律语言还能够减少法律解释和推理中的歧义和误解,提高法律适用的准确性和一致性。严谨的法律语言还有助于提高法律实施的效率,减少因语言不清、逻辑混乱而导致的法律纠纷和诉讼成本。

三、规范性要求

法治思维要求法律语言具备高度的规范性,以确保一致性和普遍性。规范性不仅体现在法律语言的词汇选择、句式结构、表达方式等方面,更在于其传达的准确性和权威性。法律语言的规范性首先体现在词汇的选择上。为了保持法律语言的一致性和普遍性,必须使用全国范围内通用的法律术语,避免使用地方性的俚语、方言或口语化表达。这些法律术语经过长期的实践和发展,已经形成了较为固定的含义和用法,能够准确、清晰地表达法律概念和规范。法律语言的词汇选择还应注重精确性,避免使用含义模糊或含糊不清的词汇,以确保法律适用的准确性和公正性,减少因语言不明确而产生的误解和争议。

法律语言的规范性还体现在句式结构的严谨性上。法律语言通常采用长句、复合句等复杂的句式结构,以精确地表达法律关系的复杂性和法律规范的详尽性。这种句式结构要求句子成分齐全、语法关系清晰、逻辑严密,避免出现语病、歧义或逻辑混乱的情况。法律语言还应注重语言的简练性和明确性,避免使用冗长烦琐的句子和过多的修饰语,以保持语言的清晰度和易读性。

法律语言的规范性也要求其表达方式必须正式、庄重。法律是维护公平正义的工具,因此法律语言的表达方式必须严肃、庄重,以体现法律的权威性和尊严。法律语言应避免使用轻浮、随意的表达方式,如口语化、俚语化或网络用语等,以保持其正式性和庄重性。法律语言的表达方式还应注重客观性和中立性,避免带有个人情感色彩或主观倾向的表述,以确保法律适用的公正性和客观性。

法律语言的规范性还体现在法律文件的制作上。法律文件是法律规范和法律关系的载体,其制作必须遵循一定的规范和标准。法律文件的格式、排版、字体等方面都应统一规范,以确保文件的美观性和可读性。法律文件的内容必须准确、完整地表达法律规范和法律关系,避免出现遗漏、错误或矛盾的情况。法律文件的制作还应注重语言的逻辑性和条理性，确保内容之间的衔接和连贯性。为了确保法律语言的规范性要求得到有效实施，需要建立相应的监督机制。这包括制定和完善法律语言规范标准，为法律从业者提供明确的指导和依据；加强法律语言的教育和培训，提高法律从业者的语言素养和规范意识；建立法律语言使用的审核和纠错机制，对不符合规范要求的法律文件进行纠正和改进。通过这些措施的实施，可以确保法律语言的规范性要求得到全面贯彻和落实，从而提升法律文件的专业性和权威性。

四、可理解性要求

在法治社会中，法律语言不仅要求精确、严谨和规范，同时还需要具备可理解性，即能够被广大公众所理解和接受。可理解性是法治思维的基本要求之一，它有助于增强公众对法律的信任感和认同感，促进法律的普及和实施。法律语言往往涉及大量的专业术语和复杂概念，这使得一些非法律专业人士难以理解。因此，在表达法律概念和规范时，应尽量避免使用过于专业或晦涩难懂的词汇，而是采用通俗易懂的语言进行解释和阐述。例如，可以通过比喻、举例等方式，将复杂的法律概念转化为公众易于理解的形式。这样做不仅有助于公众理解法律内容，还能增强他们对法律的信任感和认同感。

法律文件是法律规范和法律关系的重要载体，其结构清晰和条理性直接影响到公众对法律内容的理解和接受程度。在编写法律文件时，应注重其结构的合理性和条理性，确保内容层次分明、条理清晰。还应合理安排段落和篇幅，避免冗长烦琐的句子和过多的修饰语，以便公众能够轻松阅读和理解。提高法律语言的可理解性不仅需要法律从业者的努力，还需要加强法律知识的普及和教育。通过开展法律宣传活动、举办法律讲座等方式向公众普及法律知识，帮助他们更好地理解法律语言和法律规范。还可以利用现代科技手段，如网络平台、移动应用等，为公众提供便捷的法律信息查询和学习途径。

在运用法律语言时，应充分考虑不同受众群体的语言习惯和认知水平。对于普通公众，应使用更加通俗易懂的语言；对于法律专业人士，则可以适当使用专业术语以体现法律的精确性和严谨性。还应考虑到不同地域、不同文化背景的公众对法律语言的理解和接受程度，尽可能避免使用具有地域性或文化敏感性的词汇和表达方式。

五、适应性要求

法治思维要求法律语言具备适应性，即法律语言应随着社会的不断发展和变化而做出相应的调整与更新。这种适应性体现在法律语言在保持稳定性的基础上，展现出的灵活性和开放性。社会是不断发展和变化的，新的社会现象和问题层出不穷，这就要求法律语言能够及时调整和更新，以适应这些变化。例如，随着互联网的普及，网络犯罪日益增多，法律语言就需要及时增加对网络犯罪的界定和处罚规定，以确保法律能够适应网络时代的需要。对于新出现的社会现象，如人工智能、生物技术等，法律语言也应进行深入研究，制定相应的法律规范和概念，以应对这些新领域带来的挑战。

尽管法律语言需要适应社会的变化，但这并不意味着它可以随意改变。法律语言的稳定性是法治思维的基本要求之一，它有助于维护法律的权威性和公信力。在调整和更新法律语言时，应充分考虑其稳定性和连续性，避免频繁修改或大幅度调整法律概念和规范，以确保法律的稳定性和可预见性。在保持稳定性的基础上，法律语言还需要展现出一定的灵活性和开放性。这意味着法律语言应能够根据社会发展的实际需要，及时调整和更新法律概念和规范，以适应新的社会现象和问题。法律语言还应具有一定的包容性和开放性，能够容纳新的法律理念和表达方式，为法律的创新和发展提供空间。

在全球化的背景下，法律语言的国际化水平也是衡量一个国家法治水平的重要标志之一。法律语言应注重与国际接轨，借鉴和吸收国际先进的法律理念和表达方式。这不仅有助于提升我国法律语言的国际化水平，还能为我国法律的国际交流与合作提供便利。通过借鉴国际先进经验，我们可以不断完善和发展我国的法律语言体系，提高我国法律的国际竞争力。为了适应社会的变化和发展，要不断加强法律语言的研究与创新，包括深入研究新的社会现象和问题，探索新的法律概念和规范；加强与国际法律语言的交流与合作，借鉴国际先进经验；鼓励法律从业者积极参与法律语言的创新实践，提出新的法律术语和表达方式等。通过这些措施的实施，可以不断提升法律语言的适应性和创新能力，为法治社会的建设提供有力的语言支持。

第三节　提高法律语言表达能力的途径

一、深化法律理论学习，夯实语言基础

法律语言是法律理论的载体，是法治思维得以有效表达和传播的重要工具。深化法律理论学习，夯实语言基础，对于提高法律人的语言表达能力和法治思维水平具有至关重要的作用。法律语言是建立在深厚的法学理论基础之上的。法律人应当系统学习法学理论，掌握法律的基本概念、原则、规则和制度，形成扎实的法律知识体系。这包括学习宪法学、刑法学、民法学、商法学、行政法学、诉讼法学等各个领域的法律知识，以及了解法律史、法律文化、法律逻辑等相关学科。通过学习，法律人可以深入了解法律的本质和精髓，掌握法律语言的基本规范和表达方式。

法律条文是法律语言的具体表现形式，是法律人进行法律表达的重要依据。深入研读法律条文，对于提高法律语言的准确性至关重要。法律人应当仔细研读法律条文，理解其背后的立法意图和法律精神，掌握法律条文的用词、句式和逻辑结构。还应当关注法律条文的修改和变化，及时更新自己的法律知识库，确保法律语言的准确性和时效性。法律案例是法律实践的具体体现，其中蕴含着丰富的法律语言和法治思维。通过研读法律案例，法律人可以学习到如何运用法律语言进行案例分析、推理和判断，提升法律语言的规范性。在研读过程中，法律人应当注重分析案例中的法律事实、法律关系和法律适用，理解案例的裁判逻辑和理由，学习案例中的法律语言表达方式。还可以借鉴优秀案例的写作技巧和表达

方式，提升自己的法律写作水平。

法律文献是法律人进行学术研究和法律实践的重要参考资料。通过学习法律文献，法律人可以深入了解法律理论的前沿动态和实践经验，汲取法律语言的精髓。法律文献中包含了大量的法律术语、法律概念和法律原理，通过阅读和学习，法律人可以丰富自己的法律语言库，提高法律语言的表达能力和规范性。法律文献还可以帮助法律人了解不同国家和地区的法律文化和法律制度，拓宽自己的法律视野和思维方式。深化法律理论学习并夯实语言基础的目的不仅仅是掌握理论知识，更重要的是将其应用于实践中。法律人应当积极参与法律实践活动，如起草法律文件、参与案件处理、进行法律咨询等，通过实践锻炼提高自己的法律语言运用能力。在实践中，法律人要善于运用法律语言进行准确、规范的表达，确保法律信息的准确传递和有效沟通；还要不断总结实践经验，反思自己在法律语言表达方面的不足，不断完善自己的语言表达方式和技巧。

二、加强法律实践锻炼，提升语言应用能力

法律实践是法律从业者提升语言应用能力的重要途径。通过深入参与法律实务，法律人能够在处理具体案件的过程中，不断锤炼法律语言，提高语言表达的准确性和规范性。法律文书是法律实践中的重要载体，其质量直接关系到法律效果和社会效应。法律从业者必须具备较强的法律文书撰写能力。在实践中，可以通过多写、多看、多改的方式，不断积累经验和提高水平。具体而言，可以通过撰写案例分析、法律意见书、诉讼文书等不同类型的法律文书来不断练习，从而逐渐掌握法律文书的结构和写作技巧。同时也要注重学习他人的优秀法律文书，借鉴其写作思路和表达方式，更好地提升自己的法律文书撰写能力。

法庭辩论是法律实践中最具挑战性的环节之一。在法庭上，法律从业者需要运用精湛的语言技巧和严密的逻辑思维，以维护当事人的合法权益。掌握法庭辩论技巧对于提升法律语言应用能力至关重要。为了提高这项能力，法律人可以通过参加模拟法庭、旁听庭审等方式，了解法庭辩论的基本流程和掌握相关技巧。同时也要注重培养自己的逻辑思维能力和应变能力，以便在法庭上能够迅速准确地

识别问题的核心，并有效地进行辩护和反驳。法律谈判是法律实践中不可或缺的一环。在谈判过程中，法律从业者需要运用法律语言进行沟通和协商，以达成对双方都有利的协议。提升法律谈判能力对于法律从业者来说具有重要意义。在实践中，法律人可以通过参与调解、协商等法律活动，学习如何运用法律语言进行谈判和沟通。此外，也要注重培养自己的沟通技巧和心理素质，以便在谈判中能够保持冷静、沉着，并有效地表达自己的观点和立场。

案例分析是法律实践中的重要环节，它有助于法律从业者深入理解法律规范和法律原则，并提升对具体案件的分析和处理能力。通过深入分析案例，法律从业者可以学习到不同的法律语言表达方式和技巧，并将其应用于自己的实践中。法律从业者应积极参与案例分析活动，通过阅读、讨论和撰写案例分析报告等方式，不断提高自己的案例分析能力；还可以结合自己的工作实际，选取具有代表性的案例进行深入剖析，以便更好地掌握法律语言的运用规律。法律实践是一个不断学习和进步的过程。在每一次实践中，法律从业者都会遇到新的问题和挑战，也会积累宝贵的经验和教训。学会从实践中总结经验教训对于提升法律语言应用能力具有重要意义。法律从业者应当在每次实践后，及时反思自己的表现，找出不足，并总结成功的经验和失败的教训。通过不断总结和改进，法律从业者可以逐渐优化自己的法律语言表达方式，提高语言应用的准确性和规范性。

三、注重跨学科学习，提升语言素养

在法治社会的建设中，法律语言扮演着至关重要的角色。法律语言并非孤立存在，它与其他学科的知识紧密相连，相互渗透。法律人应当注重跨学科学习，提升自己的语言素养，以更好地理解和运用法律语言。法律现象和法律问题是复杂多变的，它们往往涉及多个学科的知识领域。通过跨学科学习，法律人可以了解其他学科对法律现象和法律问题的解释和分析，从而拓宽自己的知识视野，加深对法律现象和法律问题的理解。例如：学习哲学可以帮助法律人理解法律背后的价值追求和道德基础；学习政治学可以揭示法律与政治之间的互动关系；学习社会学可以了解法律在社会生活中的实际作用和影响；学习经济学可以分析法律对经济发展的促进和制约作用。这些跨学科知识的学习，能够使法律人更全面地认识法律现象和法律问题，为法律语言的运用提供更加坚实的基础。

法律语言作为表达法律概念和规范的工具，其内涵和外延的丰富程度直接影响着法律表达的准确性和完整性。通过跨学科学习，法律人可以汲取其他学科的语言资源和表达方式，丰富法律语言的内涵和外延。例如：借鉴文学的语言艺术，可以使法律语言更加生动、形象；吸收心理学的术语和概念，可以更准确地描述法律主体的心理状态；运用经济学的分析方法，可以更加深入地揭示法律关系的经济实质。这些跨学科的语言资源和表达方式，可以为法律语言注入新的活力，使其更加丰富多彩。

创新思维和综合能力是现代法律人必备的素质。通过跨学科学习，法律人可以借鉴其他学科的研究方法和思维模式，培养自己的创新思维和综合能力。例如：借鉴科学研究的实证方法，可以对法律现象进行定量分析和实证研究；运用系统论的整体性思维，可以对法律问题进行全面、系统的分析和解决；借鉴管理学的组织理论，可以提高法律实务工作的效率和质量。这些跨学科的学习和实践，有助于法律人形成独特的思维方式和解决问题的能力，提升法律语言表达的层次和水平。

法律作为社会文化的重要组成部分，其语言表达应当具有深厚的文化底蕴和人文情怀。通过跨学科学习，法律人可以提升自己的文化素养和人文情怀，使法律语言更加具有人文关怀和社会责任感。例如：学习历史学可以了解法律文化的传承和发展；学习艺术学可以欣赏法律艺术的美感和价值；学习伦理学可以关注法律伦理的规范和追求。这些跨学科的学习，可以使法律人更加关注社会现实和人性需求，使法律语言更加贴近人心、富有感染力。跨学科学习是一个持续不断的过程，需要法律人保持持续学习的态度。法律人应当积极关注其他学科的最新研究成果和发展动态，不断更新自己的知识结构和思维方式。法律人还应当保持开放的心态，勇于接受新思想、新观念和新方法，不断挑战自己的传统观念和思维模式。

四、强化语言训练，提高表达技巧

在法治社会中，法律人不仅要有扎实的法律知识，更要具备良好的语言表达能力。法律语言作为传递法律信息、表达法律观点的媒介，其准确性和有效性直接影响到法律人的工作质量和法律实施的效果。强化语言训练，提高表达技巧，对于法律人来说是一项必修课程。法律语言具有其独特的规范性和精确性，法律人应当对自己的语言进行严格的规范化和精确化训练。他们要熟悉和掌握法律术语和专业词汇，确保在表达法律概念和规范时准确无误。同时要注重语言的准确性和清晰度，避免使用模糊、含糊不清的表达方式。法律人还可以通过朗读、背诵法律条文和案例的方式，培养自己的语感和对法律语言的敏感度，夯实语言基础。

除了准确性和规范性，法律语言的流畅性和自然度也是衡量表达能力的重要标准。法律人应当注重培养自己的口语表达能力，使法律语言更加流畅自然、易于理解。可以通过模仿优秀法律人的演讲和表达方式，学习他们的语言技巧和表达风格；还可以多进行口头表达和写作练习，锻炼自己的语言组织和表达能力。修辞手法是提升语言表达效果的重要手段。法律人应当学会运用比喻、排比、反问等修辞手法，使法律语言更加生动有力、富有感染力。通过巧妙的修辞手法，可以将复杂的法律概念转化为通俗易懂的语言，增强公众对法律的理解和接受度。修辞手法还可以用来强调法律观点，增强说服力，使法律人的表达更具影响力。

法律语言不仅要准确、流畅，还要具有严密的逻辑结构。法律人在表达法律观点和论证法律问题时，应当注重逻辑结构的构建和条理的清晰，可以通过学习逻辑学的基本原理和方法，提高自己的逻辑思维能力。在表达和写作时，要注意段落和句子的安排，合理布局论点、论据和论证过程，使表达内容层次分明、条理清晰。实践是提高语言表达能力的最佳途径。法律人应当积极参加演讲比赛、辩论比赛、模拟法庭等实践活动，锻炼自己的口头表达能力和应变能力。通过实践活动，可以检验自己的语言表达水平，发现存在的问题和不足，并及时进行改进和提升。实践活动还可以提供与其他法律人交流学习的机会，互相借鉴、共同进步。

五、注重文化修养，提升语言美感

法律语言，承载着法律思想的传递、法律规则的阐释以及法律实践的指导等多重功能。它不仅仅是一种简单的工具性语言，其背后蕴藏着深厚的文化底蕴和历史积淀。对于法律从业者而言，注重文化修养，提升对法律语言美感的感知和表达能力，显得尤为重要。文化修养是指一个人在文化方面的素养和水平，它涉及对文学、历史、哲学、艺术等多个领域的了解和掌握。对于法律人来说，提升文化修养意味着不仅要掌握扎实的法律知识，还要具备广泛的人文素养，能够深刻理解法律背后的文化价值和社会意义。

通过阅读经典文学作品，法律人可以丰富自己的语言储备，提高表达水平。文学作品是语言的艺术，经典作品更是语言的精华。通过阅读这些作品，法律人可以学习到优美的语言表达方式，掌握丰富的词汇和句式，使自己在撰写法律文书时能够更加流畅、准确地表达自己的思想和观点。欣赏艺术作品也有助于提升法律人的文化修养和语言美感。艺术作品是文化的直观表现，它们通过色彩、线条、形状等视觉元素，传递着深刻的思想和情感。法律人在欣赏艺术作品时，可以感受到其中所蕴含的美感和文化内涵，进而将这种感受融入自己的法律语言中，使语言更加生动、形象，富有感染力。

将文化元素融入法律语言中，也是提升语言美感的重要途径。法律语言虽然具有严谨性、准确性等特点，但并不意味着它必须刻板、枯燥。相反，适当地运用比喻、排比、对仗等修辞手法，以及引入历史典故、成语典故等文化元素，可以使法律语言更加富有文采和韵律感，增强法律文书的可读性和说服力。提升文化修养和语言美感并非一蹴而就的事情，它需要法律人长期的积累和努力。除了阅读经典文学作品和欣赏艺术作品，法律人还可以通过参加各种文化活动、交流研讨会等方式，不断拓宽自己的文化视野和知识面。也要注重在实践中不断锻炼和提高自己的语言表达能力，将所学所得真正转化为自己的能力和素质。

值得注意的是，提升文化修养和语言美感并不是为了炫耀或装饰，而是为了更好地服务于法律实践。法律语言作为法律体系的重要组成部分，其美感和文化底蕴不仅可以提升法律文书的品质和价值，更可以增强法律的社会影响力和公信力。法律人在提升文化修养和语言美感的同时，也要注重将其与法律实践相结合，使法律语言更好地服务于法律事业的发展和进步。注重文化修养、提升法律语言美感是法律人应当追求的重要目标。通过不断学习和实践，法律人可以逐步提高自己的文化素养和语言表达能力，在法律领域中更加出色和卓越。同时，也要将文化元素融入法律语言中，使法律语言更加富有感染力和说服力，为法律事业的繁荣和发展贡献力量。

六、借助现代科技手段，优化语言表达方式

随着科技的飞速发展，现代科技手段已经渗透到我们生活的各个领域，包括法律领域。法律语言作为法律体系的基石，其表达方式的优化至关重要。借助现代科技手段，可以更加高效地处理法律语言，提升表达的准确性和美感，从而推动法律事业的进步。现代科技手段可以帮助法律人提高文书撰写的效率和质量。传统的法律文书撰写往往需要耗费大量的时间和精力，而且容易出现错误和疏漏。而现在，借助法律文书自动生成系统，法律人可以快速生成符合规范要求的法律文书，大大提高了工作效率。这些系统基于自然语言处理和机器学习技术，能够智能识别法律条款和案例，自动生成相应的法律文书，大大减轻了法律人的工作负担。这些系统还可以对文书进行语法和逻辑检查，确保文书的准确性和规范性。

现代科技手段为法律人提供了更加便捷的远程法律咨询和法律服务方式。在过去，法律人往往需要在固定的时间和地点为客户提供面对面的法律咨询和服务。而现在，借助网络平台和移动应用，法律人可以随时随地为客户提供在线法律咨询和服务，极大地拓展了法律服务的范围。通过视频通话、在线聊天等方式，法律人可以与客户进行实时交流，解答客户的疑问，提供专业的法律建议。这种远程法律咨询和服务方式不仅方便快捷，还可以节省双方的时间和成本，提高法律服务的效率和质量。现代科技手段还可以帮助法律人挖掘法律语言背后的规律和趋势。借助大数据分析技术，法律人可以对大量的法律文本进行深度分析

和挖掘，发现法律语言的使用特点和变化规律。这些分析结果可以为法律人提供更加准确的法律建议和预测，有助于他们更好地应对复杂的法律问题。同时，大数据分析技术还可以帮助法律人了解公众对法律问题的关注度和态度，为法律政策的制定提供有价值的参考。

法律人需要不断学习和掌握新的科技知识和技能，以适应科技发展的步伐。他们还需要保持对法律语言的敏锐感知和审美能力，确保在运用科技手段的同时，不失去对法律语言美感的追求。现代科技手段还可以为法律语言表达带来其他方面的优化。例如：利用语音识别技术，法律人可以更加便捷地进行口头法律咨询和记录；利用人工智能技术进行语义分析和情感分析，可以更深入地理解客户的需求和态度，提供更加个性化的法律服务。

现代科技手段虽然为法律语言表达带来了诸多便利，但并非万能。在实际应用中，要关注其局限性和潜在风险。例如，在使用法律文书自动生成系统时，需要注意系统的准确性和可靠性，避免因为系统错误而发生法律风险。在使用网络平台进行远程法律咨询时，需要注意保护客户的隐私和安全，遵守相关的法律法规和伦理规范。借助现代科技手段优化语言表达方式已经成为法律领域不可逆转的趋势。法律人应当积极拥抱科技变革，不断提升自己的科技素养和应用能力，以更好地适应时代的发展和社会的需求。也要保持对法律语言美感的追求和对科技手段的审慎态度，确保科技手段在优化语言表达方式的同时，不失去法律的本质和价值。

第六章 法律实务中的逻辑谬误与防范

第一节　常见逻辑谬误类型及其识别

在案件分析过程中，逻辑推理是确保结论准确性和公正性的关键。即使是最严谨的推理过程，也可能受到逻辑谬误的影响，导致分析结果偏离事实真相。逻辑谬误是指在推理过程中因违反逻辑规则而产生的错误结论。识别并避免逻辑谬误，对于提高案件分析的准确性和可靠性至关重要。常见的逻辑谬误类型繁多，这些谬误往往隐藏在复杂的推理过程中，不易被察觉。法律从业者需要掌握一定的逻辑知识，培养敏锐的识别能力，以便在案件分析中及时发现并纠正这些错误。

一、偷换概念谬误

偷换概念谬误是一种常见的逻辑谬误，在法律实务中尤其需要引起我们的高度警惕。这种谬误往往发生在法律论证的关键环节，由于故意或无意地改变某个概念的含义，导致论证的基础不稳固，最终得出错误的结论。在法律实务中，偷换概念谬误的表现形式多种多样。一方面，一些当事人或律师可能会故意扩大或缩小某个法律概念的范围，以适应自己的利益需求。例如，在合同纠纷案件中，原告可能会故意将"违约"的概念扩大化，将一些轻微的不当行为也纳入其中，以此证明被告的违约行为。另一方面，由于法律概念的复杂性和模糊性，一些法律从业者也可能在无意中改变了某个概念的含义，导致论证过程中的逻辑谬误。

偷换概念谬误的危害性不容小觑。它会导致法律论证的基础不稳固，使得结论缺乏说服力。当法律概念被随意改变时，论证的链条就会断裂，无法形成有效的逻辑推理。偷换概念谬误会损害法律的公正性和权威性。如果法律从业者不能准确理解和应用法律概念，那么法律的适用就会失去准确性和一致性，从而导致公众对法律的不信任。这种谬误还可能引发不必要的争议和诉讼，浪费司法资源，增加社会成本。

为了防范偷换概念谬误，法律从业者要采取一系列措施。首先，他们要深入学习和理解法律概念，确保在论证过程中能够准确运用。法律概念是法律体系的基石，只有掌握了这些概念的基本含义和适用范围，才能避免在论证中出现逻辑谬误。其次，法律从业者要保持谨慎和客观的态度，避免受到个人情感或利益的影响。在论证过程中，他们应该坚持以事实为依据，以法律为准绳，确保论证的公正性和客观性。最后，法律从业者还要注重与当事人的沟通与交流，充分了解案件事实和当事人的诉求，以便更加准确地把握法律概念的应用。

为了有效避免偷换概念谬误，提高法律从业者的专业素养至关重要。一是法律从业者需要具备扎实的法律基础知识、敏锐的逻辑思维能力以及丰富的实践经验，应该不断学习和更新法律知识，关注法律实务中的新问题和新挑战，提高自己的专业素养和综合能力。二是法律从业者要注重培养自己的职业道德和操守，坚守法律底线，维护法律的公正性和权威性。三是为了从源头上减少偷换概念谬误的发生，加强法律教育和培训尤为重要。法律教育机构应该注重培养学生的逻辑思维能力和法律实务技能，帮助他们掌握正确的法律思维方法和论证技巧。四是法律培训机构也应该针对法律从业者的需求，开展有针对性的培训活动，帮助他们提高专业素养和应对复杂案件的能力。

二、以人攻击谬误

以人攻击谬误，作为一种常见的逻辑谬误，在法律实务中尤其是法庭辩论中时常出现。这种谬误不是针对论点本身进行理性的反驳，而是转而攻击提出论点的人，试图通过质疑对方的专业能力、道德品质或人格特质来削弱其论点的可信度。这种偏离论点本身的攻击并不能有效解决争议问题，反而可能损害辩论的公正性和客观性。

在法律实务中，以人攻击谬误往往表现为对对方律师或证人的个人品质、经验或动机的质疑和攻击。例如，一方律师可能会故意夸大对方律师的失误或错误，或者对其过去的某个案例进行不公正的评价，以试图降低其在法庭上的信誉和影响力。这种攻击往往偏离了案件本身的事实和法律问题，使得辩论偏离了正确的轨道。

以人攻击谬误的危害性不容忽视。它破坏了辩论的公正性和客观性，当辩论双方开始互相攻击对方的人格和品质时，辩论就不再是围绕案件事实和法律问题进行，而是变成了一场人身攻击的混战。这不仅损害了法庭的庄严和权威，也降低了公众对法律制度的信任度。以人攻击谬误阻碍了有效的沟通和交流。当一方被攻击时，其可能会感到愤怒和不满，从而难以保持冷静和理性，进而无法对论点本身进行充分的阐述和反驳。这导致双方难以进行有效的沟通和交流，使得争议问题无法得到妥善解决。

为了防范以人攻击谬误，法律从业者需要采取一系列策略。他们应该始终将焦点放在论点本身上，避免偏离主题。无论对方提出何种攻击或质疑，都应保持冷静和理性，坚持就事论事，对论点本身进行充分的阐述和反驳。法律从业者需要学会区分个人攻击和论点攻击。当对方试图进行人身攻击时，应及时指出其错误，并引导辩论回到正确的轨道上来。法律从业者还需要提高自己的专业素养和辩论技巧，以更好地应对各种挑战和质疑。

为了有效防范以人攻击谬误，加强法律职业道德教育至关重要。法律从业者作为维护社会公正和法治秩序的重要力量，其职业道德和操守直接关系到法律实务的公正性和客观性。法律教育机构应加强对学生的职业道德教育，引导他们树立正确的法律价值观和职业观念。法律从业者也应自觉遵守职业道德规范，以诚信、公正和专业的态度对待每一个案件和当事人。

除了提高法律从业者的个人素养外，建立有效的辩论规则和机制也是防范以人攻击谬误的重要途径。法庭等法律机构应制定明确的辩论规则，明确禁止人身攻击等不当行为，并对违规行为进行严厉处罚；还应建立公正的裁决机制，确保裁决结果不受个人情感和偏见的影响。这样不仅能保障辩论的公正性和客观性，也能提高法律实务的效率和质量。

三、诉诸权威谬误

诉诸权威谬误是一种在法律实务中经常出现的逻辑谬误，其表现形式是过分依赖权威的观点或意见，而忽视对论点本身的独立分析和判断。这种谬误不仅可能导致法律论证的偏颇和不公,还可能影响法律从业者的专业素养和独立思考能力。在法律实务中,诉诸权威谬误往往表现为法律从业者过度依赖某个法官、学者或专家的观点,将其作为论证的核心依据,而忽略了对法律规定和案件事实的独立分析。这种依赖可能源于对权威的盲目崇拜,也可能是对自身分析能力的不自信。无论出于何种原因,过度依赖权威观点都会使法律论证失去独立性和客观性,容易受到主观偏见的影响。

诉诸权威谬误的危害性主要体现在可能导致法律论证的偏颇和不公。当法律从业者过分依赖权威观点时,往往会忽视其他可能的解释和观点,从而使论证结果偏离客观事实。过度依赖权威意味着放弃了对问题的深入思考和独立判断,长此以往,法律从业者的专业水平和思维能力都可能受到影响。诉诸权威谬误还可能损害法律的权威性和公信力。如果法律论证总是依赖于某个权威的观点,那么公众对法律的信任度就会降低,法律的权威性也会受到质疑。

为了避免诉诸权威谬误,法律从业者要保持批判性思维,对权威观点进行审慎评估。批判性思维要求在接受任何观点之前都要进行独立思考和判断,而不是盲目接受。对于权威观点,应该从多个角度进行审视和分析,考虑其合理性、适用性和局限性。还需要结合具体案件情况进行独立分析,确保论证的准确性和客观性。除了保持批判性思维外,法律从业者还需要结合法律规定和案件事实进行独立判断。法律规定是法律论证的基础和依据,应该深入学习和理解相关法律规定,确保在论证过程中能够准确适用。案件事实是论证的关键要素,需要对案件事实进行全面、客观的分析,提取与论证相关的关键信息。在此基础上,可以结合法律规定和案件事实进行独立判断,得出符合事实和法律的结论。

为了从根本上提升法律从业者防范诉诸权威谬误的能力,加强法律教育和培训显得尤为重要。法律教育机构应该注重培养学生的批判性思维和独立思考能力,鼓励他们对权威观点进行质疑和挑战。同时,法律培训机构也应该提供针对性的培训项目,帮助法律从业者提升对法律规定和案件事实的分析能力,培养他们在法律实务中独立思考和独立判断的能力。在法律实务中,还应倡导多元化的法律观点和学术氛围。这意味着应该尊重并接纳不同的法律观点和解释，鼓励法律从业者之间进行开放和平的交流与讨论。通过多元化的观点和学术氛围的营造，可以拓宽法律从业者的视野，增强他们的独立思考能力，从而有效防范诉诸权威谬误的发生。

四、滑坡谬误

滑坡谬误，作为一种常见的逻辑谬误，对法律措施的制定和实施产生不良影响。滑坡谬误的核心在于通过夸大初步行动可能引发的连锁反应，进而预测出一个极端且负面的结果，从而试图阻止该行动的发生。这种谬误忽略了事物发展的复杂性和多样性，而是基于一系列不太可能的假设来构建未来的图景，因此其结论往往是不稳固的。在法律实务中，滑坡谬误的表现形式多种多样。例如，当讨论一项新的法律政策或法律措施时，一些人可能会担忧这一初步行动会引发一系列连锁反应，最终导致极端的负面结果，如他们可能会担忧新政策会导致社会不稳定、个人权利被侵犯等。

滑坡谬误的危害性主要体现在两个方面。一方面，它不仅会导致人们对法律措施的过度担忧，还会造成不必要的阻碍。由于滑坡谬误的预测往往基于不切实际的假设，因此其结论具有很大的误导性。这种误导性结论会使人们对法律措施产生不必要的担忧和恐惧，从而阻碍其正常实施。另一方面，滑坡谬误会损害法律决策的科学性和合理性。在法律实务中，决策应该基于客观事实和充分论证，而滑坡谬误则使决策过程受到主观臆断和情绪化影响，导致决策结果偏离客观实际。

为了防范滑坡谬误，法律从业者需要保持冷静和理性的态度，避免被情绪化或极端化的观点所左右。在面对新政策或新措施时，应该进行深入研究和充分论证，而不是轻易接受或拒绝。法律从业者需要对预测的未来事件进行合理分析。他们应该基于客观事实和现有证据来评估这些事件发生的可能性和影响程度，而不是仅凭主观臆断或夸大其词。法律从业者还需要关注事物发展的多样性和复杂性，认识到未来并非只有一种可能的结果，而是存在多种可能性和不确定性。

为了更加有效地防范滑坡谬误，法律从业者在进行决策时应加强风险评估与预见性分析，对可能产生的各种后果进行详细的梳理和评估，以及对未来发展趋势进行科学的预测和分析。通过这种方法，可以更加准确地把握法律措施可能带来的影响，从而避免过度担忧或盲目乐观。防范滑坡谬误还要加强公开讨论与多元意见交流。法律措施的制定和实施应该是一个开放、包容的过程，允许不同观点和意见的充分表达和碰撞。通过公开讨论和多元意见交流，可以更加全面地了解各种可能的后果和风险，从而做出更加科学、合理的决策。这也有助于提高公众对法律措施的理解和接受度，减少不必要的担忧和阻碍。

五、红鲱鱼谬误

在法律实务中，红鲱鱼谬误是一种常见但极具破坏性的逻辑谬误。它指的是在论证过程中，故意或无意地引入与论点无关的信息或观点，以转移听众或读者的注意力，从而回避对论点的直接回应。这种谬误不仅会导致对案件关键问题的忽视和误解，还可能影响司法公正和效率。在法律实务中，红鲱鱼谬误通常表现为律师或当事人故意提出与案件无关的争议点，以转移法官、人民陪审团或公众对案件核心问题的关注。这些无关的信息或观点可能涉及个人情感、政治立场、社会舆论等方面，与案件的法律事实和法律适用并无直接关联。通过引入这些"红鲱鱼"，一方试图混淆视听，掩盖案件的真实情况，从而实现自己的诉讼目的。

红鲱鱼谬误的危害性在于它破坏了法律论证的连贯性和有效性。当无关的信息或观点被引入时，听众的注意力很容易被分散，导致他们无法集中关注案件的关键问题。这不仅降低了法律论证的说服力，还可能使法官和人民陪审团产生误解，做出不公正的裁决。红鲱鱼谬误还可能破坏法律职业的信誉和形象，降低公众对法律制度的信任度。为了防范红鲱鱼谬误，法律从业者需要紧扣案件的关键问题，明确论点和论据，确保论证的针对性和有效性。在法庭辩论中，律师应该专注于与案件直接相关的证据和事实，避免引入无关的信息或观点。法律从业者需要提高逻辑思维能力和批判性思维能力，能够准确识别并应对红鲱鱼谬误。他们需要学会分析论证的结构和逻辑链条，判断信息的相关性和重要性，避免被无关的信息所干扰。法律从业者还需要保持客观和公正的态度，避免受到个人情感或利益的影响，以确保论证的公正性和客观性。

为了从源头上减少红鲱鱼谬误的发生，加强法律逻辑教育显得尤为重要。法律逻辑是法律从业者必备的基本素养之一，它能够帮助法律从业者更好地理解和运用法律知识，提高论证的准确性和有效性。法律教育机构应该注重培养学生的逻辑思维能力和法律逻辑素养，使他们能够在法律实务中准确识别和应对红鲱鱼谬误。法律从业者也应该不断学习和更新自己的法律知识，提高自己的逻辑思维能力和批判性思维能力，以应对复杂多变的法律实务问题。除了加强法律逻辑教育，建立有效的监督机制也是防范红鲱鱼谬误的重要手段。法庭和司法机构应该加强对律师和其他法律从业者的监督和管理，确保他们在法律实务中遵守法律职业道德和逻辑规范。对于故意利用红鲱鱼谬误等逻辑谬误来影响案件处理结果的行为，应该给予相应的处罚和制裁，以维护司法公正和权威。

六、事后归因谬误

事后归因谬误是人们在理解和解释事件时经常陷入的一种逻辑陷阱。在法律实务中，这种谬误尤为常见，它可能导致对案件事实的误解和错误判断，从而影响司法公正和法律的准确适用。事后归因谬误是指在事情发生后，人们错误地将某个事件或因素视为导致结果的原因。这种谬误的特点在于，它忽略了事物之间的复杂因果关系，简单地将某一事件与结果联系起来，而忽视了其他可能的原因。在法律实务中，这种谬误可能导致对案件事实的片面理解和错误判断。

在法律实务中，事后归因谬误的表现多种多样。例如，在刑事案件中，侦查人员可能会因为某个嫌疑人在案发后表现出异常行为，就错误地认为该嫌疑人是犯罪者。这种推断可能忽略了其他可能导致异常行为的原因，如嫌疑人的心理状态、健康状况或外部环境等。此外，在民事案件中，当事人也可能因为某一方在纠纷发生后采取了某些行动，就将其视为导致纠纷的原因，从而忽略了其他可能的因素。事后归因谬误在法律实务中的危害性不容忽视。它可能导致对案件事实的误解和错误判断，从而影响司法公正和法律的准确适用。当法律从业者陷入事后归因的误区时，他们可能会忽视其他重要的证据和线索，导致案件处理的不公正。这种谬误还可能影响法律的稳定性和权威性。如果司法判决频繁受到事后归因谬误的影响，公众对法律的信任度将会降低，法律的权威性和稳定性也将受到损害。

为了防范事后归因谬误，法律从业者需要对案件事实进行全面、客观的分析，避免将某个事件或因素简单地视为导致结果的原因。在收集证据和审查案件时，法律从业者应该保持开放的心态，充分考虑各种可能的原因和因素。他们需要运用逻辑推理和专业知识对案件进行深入分析。通过逻辑推理和专业知识的运用，法律从业者可以更加准确地识别和理解案件中的因果关系，避免陷入事后归因的误区。他们还需要注重与其他法律从业者的交流和合作，共同探讨和解决案件中的疑难问题。

提高法律从业者的专业素养对于防范事后归因谬误具有重要意义。法律从业者需要具备扎实的法律基础知识、敏锐的观察力和分析能力以及丰富的实践经验。通过不断学习和实践，他们可以更好地理解和应用法律知识，准确识别和理解案件中的因果关系，避免陷入事后归因的误区。法律从业者还需要注重培养自己的职业道德和操守，坚守法律底线，确保在案件处理中保持公正、客观和理性的态度。加强法律教育和宣传也是防范事后归因谬误的重要途径。通过加强法律教育，可以提高公众对法律的理解和认识，增强他们的法律意识和法治观念。通过宣传法律知识和典型案例，可以引导公众正确看待和理解法律事件，避免陷入事后归因的误区。还可以通过举办法律讲座、开展法律咨询等方式，为公众提供法律帮助和指导，帮助他们更好地维护自己的合法权益。

第二节　逻辑谬误在法律实务中的影响

一、误导法官决策

在法律实务中，法官的决策直接关系到当事人的权益和社会的公平正义。然而，逻辑谬误的存在往往会对法官的决策产生误导，导致他们作出错误的裁决。这种误导不仅影响个案的公正性，还可能对整个法律体系的权威性造成损害。逻辑谬误可能导致法官在理解和分析案件事实时产生偏差。法官在裁决案件时，需要对案件事实进行全面、客观、准确的把握。然而，当逻辑谬误渗透到案件事实的分析中时，法官可能会忽视某些关键证据或错误地解释证据的含义。例如，法官可能受到"诉诸权威"谬误的影响，过于依赖某个专家或权威机构的观点，而忽略其他与案件事实相关的证据。这种对案件事实的误解，必然会导致法官在裁决时偏离正确的方向。

逻辑谬误可能干扰法官对法律条文的正确理解和适用。法律条文是法官裁决案件的重要依据，法官需要根据法律条文的规定，结合案件事实，作出公正的裁决。然而，当逻辑谬误影响到法官对法律条文的理解时，就可能导致法律适用的错误。例如，法官可能受到"偷换概念"谬误的影响，将两个不同的法律概念混为一谈，从而错误地适用法律条文。这种法律适用的错误，不仅会损害当事人的合法权益，还会破坏法律的稳定性和可预测性。逻辑谬误还可能影响法官对案件证据的评估和判断。在案件处理过程中，证据的收集和评估是至关重要的环节。法官需要根据证据的真实性和关联性，判断其是否足以支持裁决结果。然而，当逻辑谬误影响到法官对证据的评估时，就可能导致裁决结果的错误。例如，法官可能受到"以人取事"谬误的影响而对某一方当事人产生偏见或好恶，从而错误地评估其提供的证据。这种对证据的误判，不仅会影响法官的裁决结果，还会损害司法公正和公信力。

逻辑谬误对法官决策的误导还可能表现在对案件性质的判断上。在复杂的法律案件中，正确判断案件性质是制定裁决策略的关键。然而，受到逻辑谬误的影响，法官可能无法准确区分案件的主要矛盾和次要矛盾，或者混淆不同性质的法律问题。这种性质判断的错误可能导致法官在处理案件时偏离正确的法律轨道，进而作出不符合法律规定的裁决。逻辑谬误还可能通过影响法官的思维方式和推理过程来误导其决策。在法律实务中，法官需要运用逻辑推理和演绎推理等方法来分析和解决问题。然而，逻辑谬误可能导致法官在推理过程中出现偏差或错误，如过度概括、以偏概全等。这些错误的推理方式不仅会影响法官对案件事实和法律条文的正确理解，还可能导致裁决结果的不合理或不公正。

逻辑谬误对法官决策的误导还可能体现在对案件社会影响的考虑上。在裁决案件时，法官不仅需要关注法律事实和法律规定，还需要考虑案件的社会影响和公众舆论。然而，当逻辑谬误影响到法官对案件社会影响的判断时，就可能导致裁决结果的偏颇。例如，法官可能受到"诉诸公众"谬误的影响，过分迎合公众舆论或社会情绪，而忽略法律事实和法律规定的要求。这种对社会影响的误判，不仅会损害司法公正性，还可能引发社会不满和不稳定因素。

二、损害当事人权益

在法律实务中，逻辑谬误的存在不仅可能误导法官决策，导致不公正的裁决，更可能直接损害当事人的合法权益。这种损害不仅涉及财产权益，还可能对当事人的人身自由、名誉权等产生深远影响。逻辑谬误可能导致法官对案件事实和证据的误判，从而损害当事人的财产权益。在涉及财产纠纷的案件中，法官需要依据事实和证据来判定财产归属。然而，当逻辑谬误存在时，法官可能无法准确理解案件事实，或者错误地评估证据的价值。例如，法官可能受到"偷换概念"谬误的影响，将原本属于当事人的财产错误地认定为他人所有，或者将不相关的证据作为关键证据使用，从而导致财产分割不公或错误赔偿等裁决结果。这种财产权益的损害，对于当事人来说，可能造成经济上的沉重打击，甚至可能危及他们的基本生活，导致其陷入困境。

逻辑谬误还可能损害当事人的人身自由权。在刑事案件中，法官需要依据事实和证据来判定被告人是否有罪以及罪责的轻重。然而，当逻辑谬误渗透到刑事案件的裁决中时，可能导致对被告人的定罪和量刑出现偏差。例如，法官可能受到"诉诸权威"谬误的影响，过分依赖某个专家或机构的意见，而忽略其他关键证据或被告人的合理解释。这种对案件事实和证据的误判，可能导致对被告人的定罪过重或量刑不当，从而损害其人身自由权。此外，逻辑谬误还可能导致对被告人的人格尊严和名誉权的损害。在公众舆论的推动下，错误的定罪和量刑可能对被告人的社会形象和声誉造成严重影响，使其承受巨大的精神压力和社会歧视。

逻辑谬误对当事人名誉权的损害也不容忽视。在涉及名誉侵权等案件中，法官需要仔细审查案件事实，判断是否存在侵权行为以及侵权行为的性质和程度。然而，当逻辑谬误影响法官的决策时，可能导致对名誉侵权行为的认定出现偏差。例如，法官可能因"以人取事"谬误，受到对某一方当事人的偏见或好恶影响，错误地认定其名誉侵权行为。这种错误的认定不仅会对当事人的名誉权造成损害，还可能对其职业、家庭和社会关系等方面产生不良影响。

逻辑谬误还可能损害当事人的诉讼权利。诉讼权利是当事人在法律程序中的基本权利，包括起诉、答辩、举证、质证等。然而，当逻辑谬误影响法官对案件的处理时，可能导致对当事人诉讼权利的忽视或剥夺。例如，法官可能因受到"诉诸情感"谬误的影响，过分关注当事人的情感诉求而忽略其合理的诉讼请求；或者因受到"以偏概全"谬误的影响，对当事人的证据和辩护意见进行片面理解，从而作出不利于当事人的裁决。这种对诉讼权利的损害，不仅会影响当事人的合法权益，还可能破坏法律程序的公正性和权威性。

三、降低法律公信力

在法治社会中，法律的公信力是维护社会秩序、保障公民权益的基石。然而，当法律实务中频繁出现逻辑谬误时，这一基石将受到严重冲击。逻辑谬误不仅可能导致裁决结果的错误，更会让公众对法律的公正性和权威性产生怀疑，进而降低法律的公信力。逻辑谬误破坏了法律的公正性。法律的本质在于公正，它要求法官在裁决案件时，必须依据事实和法律条文，进行客观、公正的判断。然而，逻辑谬误的存在却使法官的裁决过程偏离了这一原则。无论是"诉诸权威"的谬误，还是"偷换概念"的谬误，都可能导致法官在推理过程中产生偏差，从而得出不公正的裁决结果。这种不公正的裁决不仅损害了当事人的合法权益，更让公众对法律的公正性产生怀疑。

逻辑谬误损害了法律的权威性。法律作为社会规范的重要组成部分，其权威性来自公众的信任和遵守。然而，当公众发现法律实务中充斥着逻辑谬误时，他们对法律的信任度将大幅下降。这种信任的丧失不仅会导致公众对法律裁决的接受度降低，还可能引发对司法机构的抵制和批评。当公众不再信任法律时，法律的权威性也就无从谈起。逻辑谬误加剧了社会的不信任氛围。在一个充满逻辑谬误的法律环境中，公众对法律的不信任可能会蔓延到对整个社会的不信任。这种不信任氛围会导致社会关系的紧张和疏离，增加社会矛盾和冲突的风险。当公众不再相信法律能够维护他们的权益时，他们可能会选择通过非法律途径解决纠纷，甚至可能引发社会动荡和不安定。

逻辑谬误还影响了公众对法治社会的认同和支持。法治社会是现代社会追求的目标之一，它要求法律在社会生活中发挥主导作用，确保公民的权利得到尊重和保障。然而，当公众发现法律实务中充满逻辑谬误时，他们对法治社会的认同感和支持度将大幅下降。这种下降不仅会导致公众对法治社会的失望和不满，还可能阻碍法治社会的建设进程。逻辑谬误对法律公信力的破坏具有长期性和广泛性。一旦公众对法律的公信力产生怀疑，这种怀疑很难在短时间内消除。即使未来法律实务中减少了逻辑谬误的发生，公众对法律的信任度也可能难以恢复到之前的水平。此外，逻辑谬误的影响不仅仅局限于个案，它会通过舆论传播和社会心理作用，对整个社会的法律观念和价值观念产生深远影响。

四、阻碍司法进步与发展

逻辑谬误的存在，如同法律实务中的暗礁，不仅威胁着个别案件的公正处理，从更长远来看，它还会阻碍司法的进步与发展。这种阻碍作用体现在多个方面，从法官决策水平的提升，到法律制度的完善与更新，无一不受到逻辑谬误的侵蚀。

首先，逻辑谬误限制了法官决策水平的提升。在现代社会，法律案件日益复杂，涉及的领域越来越广泛，这就要求法官具备高超的逻辑思维能力，能够准确识别并避免逻辑谬误。当法律实务中充斥着逻辑谬误时，法官的决策水平必然受到限制。他们可能会因为受到逻辑谬误的影响，而无法对案件事实和证据进行深入、全面的分析，导致裁决结果偏离事实真相。这种决策水平的局限，不仅影响了个案的公正处理，也限制了法官在处理复杂案件时的能力发挥。

其次，逻辑谬误阻碍了法律制度的完善与更新。法律制度的完善是一个持续不断的过程，它需要根据社会的发展和变化，不断对新问题进行深入分析和解决。当法律实务中存在逻辑谬误时，这种完善与更新的过程就会受到阻碍。逻辑谬误会导致法律推理的混乱和错误，使得法律制度难以建立在坚实的逻辑基础之上。这就会导致法律制度在面对新问题时，缺乏足够的灵活性和适应性，难以进行有效的调整和改进。逻辑谬误的存在也会使法律制度的更新变得更为困难，因为新的法律规定和司法解释需要与现有的法律体系相协调，而逻辑谬误会破坏这种协调性，使得新的规定和解释难以融入现有的法律体系中。

最后，逻辑谬误还会影响法律实务的创新与发展。在现代社会，法律实务面临着越来越多的挑战和机遇，需要不断探索新的方法和手段来提高司法效率和公正性。逻辑谬误的存在会限制这种创新的发展。因为逻辑谬误会导致法律推理的僵化和保守，使得法官和法律从业者难以跳出传统的思维模式，去探索更加高效和公正的法律实务方法。这种创新精神的缺失，不仅会使法律实务落后于时代的需求，也会限制司法制度在社会发展中的积极作用。更为严重的是，逻辑谬误的普遍存在会削弱公众对司法制度的信任。司法制度是社会公正的最后一道防线，其公信力对于维护社会稳定和推动社会进步至关重要。当公众发现法律实务中充斥着逻辑谬误时，他们可能会对司法制度的公正性和权威性产生怀疑。这种信任的丧失不仅会导致公众对法律裁决的接受度降低，还可能引发对司法机构的不满和抗议。长期下来，这将对司法制度的稳定性和权威性造成严重的损害。逻辑谬误的存在对司法进步与发展的阻碍作用是全方位的。它不仅限制了法官决策水平的提升，阻碍了法律制度的完善与更新，还影响了法律实务的创新与发展，并削弱了公众对司法制度的信任。

五、引发社会舆论负面反响

在法律实务中，逻辑谬误的存在常常成为公众关注的焦点，特别是在涉及公众关注度高的案件中。当裁决结果因逻辑谬误而显得不合理或不公正时，这往往会触动公众的情感，引发广泛的社会舆论负面反响。逻辑谬误破坏了法律裁决的公正性和合理性，这是引发社会舆论负面反响的根本原因。法律裁决的公正性和合理性不仅是公众对司法机构的基本期待，也是司法制度得以存在和发展的基石。当裁决结果受到逻辑谬误的影响时，公众会质疑法官的决策过程是否严谨、是否遵循了正确的逻辑推理。这种质疑一旦形成，就会迅速传播，引发公众对司法公正性的普遍担忧。

逻辑谬误在涉及公众关注度高的案件中尤为显眼，容易成为舆论的焦点。这些案件往往涉及社会热点、民生问题或重大利益冲突，公众对其关注度极高。当裁决结果因逻辑谬误而显得不合理时，公众的不满和抗议情绪往往会迅速升温。他们可能通过社交媒体、新闻报道等途径表达自己的不满，甚至可能组织示威、抗议等活动，对司法机构施加压力。逻辑谬误还可能损害司法机构的形象和声誉。司法机构作为维护社会公正和法治秩序的重要力量，其形象和声誉对于维护社会稳定和推动法治建设具有重要意义。当公众普遍认为司法裁决中存在逻辑谬误时，他们可能会对司法机构的权威性和专业性产生怀疑。这种怀疑一旦形成，就会对司法机构的形象和声誉造成长期而深远的影响，甚至可能影响到公众对法治的信任和认同。

逻辑谬误对案件处理结果的负面影响不仅体现在公众舆论上，还直接影响到当事人的权益。对于当事人而言，逻辑谬误可能导致其合法权益受到损害。当裁决结果因逻辑谬误而偏离事实真相时，当事人可能会遭受不公正的待遇，包括财产损失、人身自由受限等。这种不公正的裁决不仅损害了当事人的权益，还可能对其家庭和社会关系造成长期影响。

六、降低司法效率

逻辑谬误在法律实务中无疑会对司法效率产生显著的负面影响。当法官在裁决过程中受到逻辑谬误的影响时，案件的审理和裁决过程可能会变得复杂而冗长，进而降低整个司法体系的效率。逻辑谬误可能导致法官在裁决过程中需要花费更多的时间和精力去分析和纠正这些谬误。逻辑谬误往往具有隐蔽性，不易被察觉，因此法官在审查案件事实和证据时，需要格外谨慎和细致。他们需要仔细梳理案件的逻辑关系，逐一分析各个论点和论据的合理性和有效性。这个过程可能会耗费大量的时间和精力，尤其在面对复杂和棘手的案件时。如果法官不能及时发现和纠正逻辑谬误，就可能导致裁决结果的错误或不合理，从而引发更大的司法资源浪费和效率的降低。

逻辑谬误可能导致案件审理时间的延长。由于逻辑谬误的存在，法官可能需要多次开庭审理案件，以便更全面地了解案件事实和证据，并充分听取当事人的意见和辩论。这不仅会增加法院的工作负担，还会给当事人带来不必要的诉讼成本和时间成本。此外，如果逻辑谬误导致裁决结果的不合理或错误，当事人可能会选择上诉或申诉，这将进一步延长案件的处理时间，增加司法成本。逻辑谬误还可能引发司法资源的浪费。在司法实践中，每一起案件都需要投入一定的司法资源，包括人力、物力和财力等。然而，当法官受到逻辑谬误的影响时，他们可能会做出错误或不合理的裁决，这将导致案件需要重新启动审理程序或进行上诉、申诉等后续程序。这些程序都需要投入额外的司法资源，从而造成资源的浪费。此外，逻辑谬误还可能引发公众对司法的不信任，导致社会对司法体系的满意度下降，这也间接增加了司法成本。

逻辑谬误还可能增加上诉和申诉的可能性，进一步降低司法效率。由于逻辑谬误，裁决结果可能不合理或存在争议，当事人可能会对裁决结果产生质疑和不满。因此，他们可能会选择上诉或申诉，希望更高一级法院可以进行审查并作出公正裁决。这不仅会增加上级法院的工作负担，还可能引发更长时间的审理和裁决。同时，上诉和申诉也可能导致案件结果的不确定性增加，给当事人和社会带来更大的不稳定性和风险。

七、增加社会不稳定因素

逻辑谬误在司法实践中若未能得到及时识别和纠正，不仅损害司法公正与效率，还可能增加社会的不稳定因素。司法作为社会公正的守护者，其裁决结果直接影响公众对公平正义的认知和信任。当逻辑谬误导致司法裁决出现偏差时，公

/ 第六章　法律实务中的逻辑谬误与防范 /

众对司法公正性的质疑将逐渐升温，进而可能引发一系列社会问题，增加社会的不稳定因素。逻辑谬误导致的司法不公正可能促使公众寻求非法的解决方式。在正常情况下，公众会选择通过法律途径解决纠纷，相信司法机构能够给予公正、合理的裁决。然而，当公众发现司法裁决受到逻辑谬误的影响，导致不公正的结果时，他们可能会对司法失去信心，转而寻求其他途径来解决纠纷。这些途径可能包括私力救济、暴力冲突甚至黑恶势力的介入。这些非理性的解决方式不仅破坏了社会的法律秩序，还可能引发更为严重的社会问题，如治安恶化、社会动荡等。

逻辑谬误导致的司法不公正可能加剧社会矛盾。在司法实践中，当逻辑谬误导致裁决结果偏向一方时，另一方当事人往往会感到不满和怨恨。这种不满和怨恨可能逐渐积累，进而转化为对社会的不满和对立情绪。当这种对立情绪在社会中蔓延时，社会矛盾将被进一步激化，可能导致社会关系的紧张和冲突的增加。这种紧张和冲突不仅影响社会的和谐稳定，还可能对经济发展和社会进步产生负面影响。逻辑谬误还可能影响公众对法律制度的信任。法律制度的权威性和公信力是维护社会稳定的重要基石。然而，当公众发现司法裁决受到逻辑谬误的影响时，他们可能会对法律制度的公正性和有效性产生怀疑。这种怀疑可能导致公众对法律制度的信任度下降，进而降低他们对法律遵守的积极性和自觉性。当法律制度失去公众的信任和支持时，其维护社会稳定的作用将大打折扣，社会的不稳定因素可能随之增加。

逻辑谬误对司法公正与效率的破坏，还可能间接导致社会资源的浪费。为了纠正不公正的裁决，当事人可能需要投入更多的时间和金钱进行上诉、申诉等程序。这不仅增加了当事人的诉讼成本，也浪费了司法机构的人力和物力资源。同时，由于逻辑谬误导致的裁决错误，可能需要重新启动审理程序或进行赔偿等补救措施，这也将消耗大量的社会资源。这种资源的浪费不仅增加了社会的负担，还可能影响社会的可持续发展。在一个社会中，如果司法机构频繁出现因逻辑谬误导致的裁决问题，那么公众对司法公正性的质疑可能转化为对整个社会的不满和失望。这种情绪一旦蔓延开来，可能引发更为广泛的社会问题和不稳定因素。

因此，逻辑谬误对司法公正与效率的破坏不仅是一个司法问题，更是一个涉及社会稳定和发展的重要问题。

第三节　逻辑谬误的防范策略与方法

一、加强逻辑思维训练

在法律实践中，逻辑思维是法律从业者不可或缺的一项基本能力。它不仅是法律推理的基础，也是法律从业者准确识别、分析和防范逻辑谬误的重要保障。因此，加强逻辑思维训练，提高识别和分析逻辑谬误的能力，对于法律从业者来说具有极其重要的意义。形式逻辑和非形式逻辑是构成逻辑思维体系的重要支柱。形式逻辑主要研究推理的形式结构，包括命题逻辑、谓词逻辑等，它关注推理的有效性和正确性。而非形式逻辑则更注重实际推理过程中的合理性和论证的有效性，涉及归纳推理、演绎推理、类比推理等多种推理形式。法律从业者需要深入学习这两种逻辑的基本原理，掌握其基本概念和推理规则，为后续的逻辑思维训练奠定坚实基础。

逻辑推理是逻辑思维的核心，包括演绎推理、归纳推理和类比推理等多种方式。法律从业者要熟练掌握这些推理方式的基本规则和技巧，才能在具体法律实践中灵活运用。例如：在演绎推理中，法律从业者需要掌握三段论等推理方法，确保从一般原则推导出个别结论的正确性；在归纳推理中，则需要通过观察和总结大量事实，提炼出一般性结论；而在类比推理中，则需要通过比较不同案例的相似性，推导出新的法律适用规则。

除了自学和实践，法律从业者还可以通过参加专门的逻辑思维训练和逻辑谬误识别课程来提升自己的逻辑思维能力。这些课程通常由经验丰富的法律专家和逻辑学教授授课，他们通过讲解理论知识、分享实际案例、组织小组讨论等方式，帮助法律从业者深入理解逻辑思维的本质和逻辑谬误的危害，掌握识别和防范逻辑谬误的方法和技巧。通过参加这些课程，法律从业者可以系统地提升自己的逻辑思维水平，为未来的法律实践打下坚实的基础。逻辑思维能力的提升是一个持续不断的过程，需要法律从业者在实践中不断反思和总结。每次处理完案件后，法律从业者都应该回顾自己的推理过程，分析是否存在逻辑谬误或不足之处，并思考如何改进和完善。法律从业者还可以积极向同行或导师请教，听取他们的意见和建议，以不断提升自己的逻辑思维水平。

二、保持客观中立的态度

在法律实务中，法律从业者不仅是法律的执行者，更是公平正义的守护者。因此，保持客观中立的态度对于法律从业者来说，不仅是一种职业要求，更是一种道德责任。这种态度不仅有助于法律从业者更加理性地分析案件事实，还能确保法律适用的公正性和准确性。客观中立，意味着在法律实务中，法律从业者应摒弃个人情感、偏见和主观臆断，以事实为依据，以法律为准绳，对案件进行客观、公正的分析和判断。这种态度的重要性不言而喻，它不仅是法律从业者职业素养的体现，更是维护法治精神、保障公平正义的关键。

法律从业者要保持客观中立的态度，必须具备扎实的法律专业素养。通过不断学习和实践，掌握丰富的法律知识和实践经验，提高分析案件事实、识别法律问题的能力。还应注重培养自己的逻辑思维能力和批判性思维，以便在面对复杂案件时能够保持清醒的头脑，做出客观公正的判断。法律实务中，法律从业者往往会面对各种复杂纷繁的案件，其中不乏涉及人性、情感等敏感因素的情况。在这种情况下，法律从业者必须保持冷静理性，不被个人情感所左右判断。要学会将个人情感与职业角色相分离，以专业的态度对待每一个案件，确保自己的判断不受情感因素的干扰。

偏见是影响客观中立态度的另一大障碍。法律从业者在日常工作中可能会形成对某些类型案件或当事人的固有看法，这些偏见可能会在无意识中影响他们的判断。法律从业者需要时刻保持警惕，不断反思自己的思维方式和判断标准，确保自己不受偏见的影响。还应保持开放的心态，积极接纳不同的观点和意见，以便更全面地了解案件事实，做出更加客观公正的判断。在法律实务中，利益冲突是一个不可忽视的问题。当法律从业者的个人利益与案件处理结果存在潜在冲突时，他们的客观中立态度可能会受到挑战。法律从业者应严格遵循利益回避原则，在可能存在利益冲突的情况下主动回避或申请回避，以确保自己的判断不受利益因素的影响。法律从业者还应加强自律，自觉遵守职业道德规范，防止因利益驱动而损害客观中立的态度。保持客观中立的态度不仅需要法律从业者的自觉努力，还需要外部监督机制的保障。相关部门应建立完善的监督机制，对法律从业者在实务操作中是否保持客观中立的态度进行监督和评价。通过定期检查、案件回访等方式，监督机制可以了解法律从业者在处理案件过程中是否遵循客观中立的原则，并对已发现的问题及时进行纠正和处理。还应建立激励机制，对在实务操作中表现出色、客观中立的法律从业者给予表彰和奖励，以树立榜样，有助于推动整个行业的健康发展。

三、充分了解案件事实和背景

在法律实务中，处理案件无疑是一项复杂而精细的工作，它要求法律从业者具备扎实的专业知识、敏锐的洞察力和严谨的逻辑思维。而在此基础上，充分了解案件事实和背景则是至关重要的第一步。通过深入调查和研究，法律从业者能够全面、准确地把握案件的关键点，为后续的推理和判断奠定坚实的基础。在了解案件事实和背景的过程中，法律从业者首先需要全面收集与案件相关的证据。这些证据可能包括书面文件、物证、证人证言等多种形式。法律从业者应通过查阅案卷、现场勘查、询问当事人和证人等方式，尽可能多地获取与案件有关的信息。在收集证据的过程中，法律从业者应注重证据的完整性和真实性，避免遗漏或篡改关键信息。

收集到证据后，法律从业者还需要对证据进行细致的整理和分析，包括对证据进行分类、归纳和排序，这有助于更好地把握案件的整体情况。法律从业者还应对证据进行真伪辨别和关联性分析，以确定哪些证据对案件的处理具有关键作用。通过这一步骤，法律从业者可以逐步筛选出对案件推理和判断有价值的证据，为后续的工作提供有力支持。除了收集和分析证据，法律从业者还需要对涉案人员的身份、背景、动机和行为等进行深入的调查。通过了解涉案人员的个性特征、社会关系和经济状况等信息，法律从业者可以更加准确地把握案件的性质和关键点。调查涉案人员也有助于发现潜在的证据和线索，为案件的处理提供新的思路。

在处理案件时，法律从业者还需注重对案件背景的调查与研究。案件背景往往涉及社会环境、法律政策、行业规范等多个方面，这些因素可能对案件的处理产生影响。法律从业者应通过查阅相关资料、咨询专家意见等方式，对案件背景进行深入了解和分析。这有助于法律从业者更加全面地把握案件的整体情况，为后续的推理和判断提供有力的支撑。在充分了解案件事实和背景的过程中，法律从业者应始终保持客观中立的立场。他们应避免受到个人情感、偏见或利益冲突的影响，以客观、公正的态度对待每一个案件。法律从业者应通过深入调查和研究，发现案件的事实真相，为当事人提供公正、合理的法律解决方案。

四、遵循法律规则和原则

在法律实务中，法律从业者肩负着维护法治秩序、保障公平正义的重要使命。为实现这一目标，法律从业者必须严格遵循法律规则和原则，确保逻辑推理的合法性和合理性。法律规则和原则是法律实务操作的基础和指引。法律规则是具体的法律规范，规定了人们在社会生活中的权利和义务；法律原则是更为抽象的法律精神，体现了法律的价值观和基本理念。遵循法律规则和原则，有助于法律从业者确保逻辑推理的合法性和合理性，维护法治秩序和公平正义。

法律条文是法律规则的具体体现，法律从业者必须对其进行准确理解和适用。在实务操作中，法律从业者应当仔细研读法律条文，把握其立法意图和适用范围，确保逻辑推理的合法性。法律从业者还应关注法律条文的更新和变化，及时调整自己的逻辑推理框架，以适应新的法律环境。法律原则是法律规则的灵魂和精髓，体现了法律的价值观和基本理念。法律从业者在实务操作中应尊重和遵循法律原则，确保逻辑推理的合理性。例如：在处理案件时，法律从业者应遵循公平、公正、公开的原则，避免主观臆断和偏见；在解释法律条文时，应遵循文义解释、目的解释等原则，确保解释的准确性和合理性。

为了更好地遵循法律规则和原则，法律从业者需要构建合法、合理的逻辑推理框架，从案件事实出发，根据法律规则和原则进行逻辑推理，得出合法、合理的结论。在构建逻辑推理框架时，法律从业者应注重逻辑的严密性和连贯性，避免出现逻辑断裂或跳跃。同时，还应关注逻辑推理的充分性和必要性，确保推理过程能够充分展开，结论可以被合理得出。

遵循法律规则和原则，有助于法律从业者有效防范逻辑谬误的发生。逻辑谬误是指在逻辑推理过程中出现的错误或偏差，可能导致结论的不合法或不合理。法律从业者通过深入理解和遵循法律规则和原则，可以更加准确地识别和分辨出逻辑谬误，从而避免在实务操作中陷入误区。例如，法律从业者可以通过遵循"以事实为根据，以法律为准绳"的原则，避免在推理过程中过度依赖主观臆断或偏见；通过遵循"同类案件同等对待"的原则，避免在推理过程中出现歧视或偏见。为了更好地遵循法律规则和原则，法律从业者需要不断加强学习和实践。通过参加专业培训、阅读法律文献、参与实际案件处理等方式，法律从业者可以不断提升自己的法律素养和实务能力，更好地理解和适用法律规则和原则。通过不断实践和总结，法律从业者还可以积累更多的经验，提高自己的逻辑推理能力，为构建合法、合理的逻辑推理框架提供有力支持。

五、审慎使用类比推理和归纳推理

在法律实务中，类比推理和归纳推理是两种常用的逻辑推理方法。然而，这两种方法如果使用不当，也可能导致逻辑谬误的发生。因此，法律从业者在使用类比推理和归纳推理时，必须保持审慎的态度，确保推理过程的准确性和合理性。类比推理是通过比较不同事物或情况的相似性，从而得出它们在其他方面也可能相似的结论。归纳推理则是从个别事实或案例中提炼出一般性规律或原则。这两种推理方法在法律实务中具有重要的应用价值，但也存在一定的风险。法律从业者在使用这两种推理方法之前，必须深入理解其基本原理和适用范围，确保能够正确运用。

在使用类比推理时，法律从业者需要审慎选择比较对象。比较对象之间应具有足够的相似性，以便能够合理地推断出它们在其他方面的相似性。法律从业者还应关注比较对象之间的差异性，避免因为过度泛化而导致逻辑谬误。例如，在处理案件时，法律从业者不能简单地将一个案件的判决结果类比应用于另一个看似相似的案件，而应深入分析两个案件之间的实质性差异，确保类比推理的合理性。归纳推理的准确性和可靠性在很大程度上取决于所依据的事实和证据。法律从业者在使用归纳推理时，必须确保所依据的事实和证据充分、可靠。这要求法律从业者在进行归纳推理之前，要对相关事实和证据进行深入的调查和分析，确保它们的真实性和有效性。法律从业者还应关注事实和证据之间的关联性，确保它们能够支持所归纳出的一般性规律或原则。

无论是使用类比推理还是归纳推理，法律从业者都应避免主观臆断和以偏概全。主观臆断是指在没有充分依据的情况下，仅凭个人主观感受或偏见做出判断。以偏概全则是指仅根据部分事实或案例就得出一般性的结论。这两种情况都可能导致逻辑谬误的发生。法律从业者在使用类比推理和归纳推理时，应保持客观中立的态度，依据充分的事实和证据进行推理，避免陷入主观臆断和以偏概全的陷阱。法律实务中的情况千差万别，没有一种推理方法能够适用于所有情况。法律从业者在使用类比推理和归纳推理时，应结合具体情境灵活运用。对于某些情况，类比推理可能更为适用，而对于另一些情况，归纳推理可能更为合适。法律从业者应根据案件的特点和需要，选择合适的推理方法，并对其进行适当的调整和优化。法律从业者还应保持开放的心态，不断探索和尝试新的推理方法和技术，以提高自己的逻辑推理能力。法律从业者在使用类比推理和归纳推理时必须非常审慎，这要求他们具备扎实的逻辑学知识。法律从业者应加强逻辑学知识的学习和培训，掌握逻辑推理的基本原理和方法。通过不断学习和实践，提高自己的逻辑推理能力，确保在使用类比推理和归纳推理时能够保持审慎的态度，避免逻辑谬误的发生。

六、加强团队合作与沟通

在法律实务的复杂环境中，团队合作与沟通不仅是推动工作进展的基石，更是防范逻辑谬误、确保案件处理准确性和公正性的重要手段。法律从业者应充分认识到团队合作与沟通的价值，积极采取措施加强与同事、当事人和其他相关方的联系与合作。高效的团队合作机制是提升法律实务工作质量和防范逻辑谬误的重要保障。法律从业者应积极参与团队建设活动，增进彼此之间的了解和信任。通过明确团队成员的职责和角色，合理分配工作任务，确保每个成员都能发挥自己的专长和优势。建立定期的团队会议和讨论机制，让团队成员能够分享案件进展，交流逻辑推理心得，有助于成员及时发现并纠正错误和偏差。

在法律实务中，不同部门之间往往存在信息壁垒和沟通障碍，这可能导致逻辑推理的片面性和局限性。法律从业者应主动加强与不同部门之间的沟通与协作，打破信息孤岛，实现资源共享。通过定期召开跨部门会议、建立信息共享平台等方式，促进不同部门之间的信息交流与合作，确保逻辑推理的全面性和准确性。

当事人是法律实务工作的重要参与者，他们的陈述和意见对案件处理具有重要影响。法律从业者应提升与当事人的沟通技巧，确保能够准确理解当事人的需求和关切，同时向当事人清晰地解释法律条文和逻辑推理过程。通过积极倾听、耐心解释和及时反馈等方式，建立与当事人之间的良好沟通关系，减少因沟通不畅导致的逻辑谬误和误解。在法律实务中，除了同事和当事人，还存在其他相关方，如专家证人、鉴定机构等。这些相关方往往具有专业的知识和技能，能够为逻辑推理提供重要支持。法律从业者应加强与这些相关方的联系与合作，充分利用他们的专业优势，提高逻辑推理的准确性和可靠性。通过定期交流、分享信息和共同研究等方式，建立与相关方的紧密合作关系，共同推动案件处理的顺利进行。

集体讨论与交流是防范逻辑谬误的有效手段。法律从业者应定期组织团队成员进行集体讨论和交流活动，针对案件事实和逻辑推理过程进行深入探讨。通过分享个人见解、提出质疑和建议等方式,激发团队成员的思维活力,发现并纠正逻辑推理中的错误和偏差。集体讨论与交流也有助于增进团队成员之间的了解和信任,提升团队凝聚力和工作效率。团队协作与沟通意识是法律从业者必备的素质。法律从业者应充分认识到团队合作与沟通的重要性,将其贯穿于整个法律实务过程中。通过积极参与团队活动、主动与他人交流合作、不断提升自己的沟通技巧和协作能力等方式,培养自己的团队协作与沟通意识。只有具备了这种意识,法律从业者才能更好地发挥团队合作与沟通在防范逻辑谬误中的作用,确保案件处理的准确性和公正性。

七、定期反思与总结

在法律实务中,逻辑推理是法律从业者不可或缺的一项基本能力。然而,任何逻辑推理过程都难免存在疏漏或偏差。为了不断提升自身的逻辑推理能力,防范逻辑谬误的发生,法律从业者应定期反思和总结自己在法律实务中的逻辑推理过程。定期反思与总结是法律从业者提升自身逻辑推理能力的关键步骤。通过反思,法律从业者可以审视自己在逻辑推理过程中的思维方式和方法,发现存在的问题和不足。通过总结,法律从业者可以提炼出成功的经验和方法,形成一套行之有效的逻辑推理框架。这种框架不仅可以帮助法律从业者更好地应对当前的案件,还可以为未来的法律实务提供有益的参考。

在进行反思与总结时,法律从业者应审视自己在逻辑推理过程中的思维方式和方法是否恰当,是否存在逻辑跳跃或疏漏;分析自己在处理案件时是否充分考虑了相关事实和证据,是否遵循了法律规则和原则;回顾自己在团队合作与沟通中的表现,是否有效地与同事、当事人和其他相关方进行了沟通和协作;总结自己在逻辑推理过程中的成功经验和教训,思考如何将这些经验应用到未来的法律实务中。

为了确保反思与总结的顺利进行,法律从业者应制订具体的计划。设定反思与总结的时间节点,如每周、每月或每季度进行一次;明确反思与总结的方式和形式,可以是书面报告、口头汇报或团队讨论等;确定反思与总结的重点内容,以便有针对性地进行分析和总结；为反思与总结留出足够的时间，确保能够充分思考和总结。在反思与总结的过程中，法律从业者应深入剖析自己的逻辑推理过程。回顾自己在案件处理中的思维路径，分析是否存在逻辑跳跃或推理不当的情况；审视自己在运用法律规则和原则方面的准确性，是否存在误解或适用不当的情况；检查自己在事实认定和证据分析方面的严谨性，是否充分考虑了所有相关因素；评估自己在逻辑推理过程中的创新性和灵活性，是否能够根据实际情况调整推理策略。

通过反思与总结，法律从业者可以提炼出自己在逻辑推理过程中的成功经验和教训。这些经验和教训对于提升逻辑推理能力具有重要意义。成功的经验可以为未来的法律实务提供有益的参考，帮助法律从业者更加高效地进行逻辑推理。教训可以帮助法律从业者认识到自己在逻辑推理过程中存在的问题和不足，从而有针对性地加以改进。通过分享成功经验和教训，还可以促进团队之间的学习和交流，共同提高整个团队的逻辑推理能力。反思与总结不是一次性的活动，而是需要持续进行的过程。法律从业者应将反思与总结作为提升自身逻辑推理能力的重要手段，不断改进和提升自己的逻辑推理水平。通过不断总结经验、发现问题并加以改进，法律从业者可以逐步形成一套适合自己的逻辑推理方法，并在实践中不断完善和提升。

第七章

法治思维与法律实务的创新发展

第一节 新时代背景下的法治思维创新

一、从单一思维向综合思维转变

在传统的法律实务中，法治思维往往被视为解决问题的核心工具，法律从业者主要依赖对法律条文的解读和适用来应对各种法律问题。随着社会的不断发展和进步，法律从业者所面临的法律问题也日益复杂和多样化，仅仅依靠单一的法律思维已经难以满足现实需求。法律从业者需要从单一思维向综合思维转变，将法治思维与其他思维方式相结合，形成多元化的思考模式。这种转变对于法律从业者来说，不仅是一种能力的提升，更是一种思维方式的革新。

综合思维是一种将不同领域的知识和方法相互融合、相互补充的思考方式。在法律实务中，综合思维的重要性体现在多个方面。综合思维能够帮助法律从业者更全面地理解和分析问题，避免因为局限于法律条文而忽略其他重要因素。综合思维能够提高法律决策的科学性和合理性，减少因片面思考而导致的错误和偏差。综合思维还能够增强法律从业者与其他领域专业人士的交流和合作，推动跨学科的协作和创新。要实现从单一思维向综合思维的转变，法律从业者首先需要具备跨学科的知识储备，对经济、社会、政治等多个领域有个基本的了解和认识。通过学习和掌握这些领域的基础知识，法律从业者可以更加全面地理解和分析法律问题，避免因为知识盲区而导致思维局限。跨学科的知识储备还能够为法律从业者提供新的思考角度和解决问题的方法，促进创新思维的产生和发展。

在法律实务中，法律条文和规定往往只是解决问题的一部分。法律从业者需要注重法律与实际的结合，将法律条文和规定与实际情况进行对接和分析。这要求法律从业者不仅要熟悉法律条文和规定，还要了解相关领域的实际情况和发展趋势。通过深入调查和研究，法律从业者可以更加准确地把握问题的本质和关键，提出更加切实可行的解决方案。综合思维需要建立在强大的逻辑思维和批判性思维基础上。逻辑思维能够帮助法律从业者清晰地梳理问题、分析事实和证据，形成严密的逻辑链条。而批判性思维则能够帮助法律从业者对问题进行深入的反思和质疑，从而避免盲从和偏见。法律从业者需要不断加强逻辑思维和批判性思维的培养，提高自己在处理复杂问题时的思考深度和广度。

团队协作和跨学科交流是培养综合思维的重要途径。通过与其他领域专业人士的交流和合作，法律从业者可以获取更多的信息和观点，从而拓宽自己的思维视野。团队协作还能够促进不同思维方式之间的碰撞和融合，产生更多的创新思维和解决方案。法律从业者应积极参与团队协作和跨学科交流，与其他领域专业人士共同探索解决问题的新思路和新方法。从单一思维向综合思维转变是一个持续学习和实践的过程。法律从业者需要保持对新知识和新方法的敏感性和好奇心，不断学习和掌握新的知识和技能。他们还需要将所学知识应用到实际工作中，通过实践不断检验和完善自己的思维方式和方法。只有不断学习和实践，法律从业者才能够逐步适应新时代法律实务的需求和挑战，实现从单一思维向综合思维的成功转变。

二、从静态思维向动态思维转变

传统的法治思维往往以法律的稳定性和确定性为核心，倾向于维持既有的法律框架和解释。然而，随着新时代的到来，社会变革的速度日益加快，科技的进步、经济的全球化以及文化的多元化等因素都在不断重塑着我们的社会结构。这种快速的社会变革使得法律的滞后性问题越发突出，传统的静态思维已经难以适应新形势下的法律需求。因此，法律从业者需要从静态思维向动态思维转变，关注法律与社会的动态关系，及时调整和完善法律体系，以适应社会发展的需求。动态思维强调对法律与社会发展之间关系的敏锐洞察和灵活应对。它要求法律从业者不仅关注法律条文本身，还要关注法律条文背后的社会背景、价值观念以及发展趋势。动态思维的核心在于不断适应和调整，以应对社会变革带来的法律挑战。通过动态思维，法律从业者可以更好地把握社会变革的脉搏，为法律的制定和实施提供有力的支撑。

社会变革是法律发展的重要驱动力。在新时代背景下，经济、科技、文化等领域的快速变革都不断地对现有的法律体系提出挑战。法律从业者需要密切关注这些变革对法律的影响，及时评估和调整法律政策。例如：在科技领域，人工智能、大数据等技术的快速发展对隐私权、知识产权等法律问题提出了新的挑战；在经济领域，全球化趋势的加强使得跨国法律纠纷日益增多，需要更加完善的国际法律机制来应对。法律从业者需要具备敏锐的洞察力和前瞻性思维，以便在社会变革中更好地把握法律发展的方向。为了适应社会变革的需求，法律体系需要具备更强的适应性和灵活性。法律从业者应积极推动法律的修订和完善工作，根据社会变革的需要及时调整法律条文和解释。他们还应关注法律的执行和适用情况，及时解决法律实施中存在的问题和漏洞。法律从业者还应积极探索新的法律解决机制，如多元化纠纷解决机制、在线法律服务等，以提高法律服务的效率和质量。

动态思维需要法律从业者具备跨学科的知识背景和思维方式。推动跨学科的法律研究与实践是实现动态思维的重要途径。法律从业者应加强与经济学、社会学、心理学等相关学科的交流与合作，共同研究社会变革对法律的影响以及法律如何应对社会变革的问题。通过跨学科的研究与实践，法律从业者可以更加全面地理解社会问题，提出更加符合实际的法律解决方案。实现从静态思维向动态思维的转变需要法律从业者具备相应的能力和素质。培养法律从业者的动态思维能力至关重要，包括培养法律从业者对社会变革的敏锐洞察力、对法律问题的深入分析能力以及灵活应对法律挑战的能力。还应注重培养法律从业者的创新意识和实践能力，鼓励他们在法律实践中不断探索新的思路和方法。为了确保法律体系的动态适应性，建立动态法律评估与反馈机制至关重要。这一机制可以对法律实施的效果进行定期评估，及时发现并解决存在的问题。它还可以收集社会各界的意见和建议，为法律的修订和完善提供重要参考。通过这一机制，法律体系可以更加紧密地与社会发展相结合，促进法律与社会发展的良性互动。

三、从封闭思维向开放思维转变

在全球化的今天，国际交流与合作日益频繁，法律领域也不例外。传统的法

第七章　法治思维与法律实务的创新发展

治思维往往局限于国内法律体系和司法实践，缺乏对国际法律体系和法治实践的深入了解。随着国际社会的紧密联系和共同挑战的不断增多，封闭思维已经无法满足新时代法治建设的需求。因此，我们需要从封闭思维向开放思维转变，积极参与国际法律事务，借鉴国际先进法治经验，推动国内法治建设的国际化进程。

开放思维是指以一种包容、开放的态度来面对和处理法律问题，注重与国际法律体系和法治实践的交流与借鉴。在全球化的背景下，开放思维对于法律实务的国际化发展具有重要意义。首先，开放思维有助于法律从业者拓宽视野，了解不同国家和地区的法律文化和法治实践，从而丰富法律思维和解决问题的方法。其次，开放思维有助于借鉴国际先进法治经验，提升国内法治建设的水平和质量。最后，开放思维有助于法律从业者加强国际法律合作，共同应对全球性的法律挑战和问题。要实现从封闭思维向开放思维的转变，法律从业者需要积极参与国际法律事务，加强与国际法律组织和机构的交流与合作如参加国际法律会议和论坛，参与国际法律规则的制定和修订等，推动国际法律事务的合作与解决等。通过参与国际法律事务，法律从业者可以更深入地了解国际法律体系和法治实践，同时可以提升我国在国际法律舞台上的影响力和话语权。

借鉴国际先进法治经验是推动国内法治建设国际化的重要途径。法律从业者需要关注国际法律领域的最新动态和趋势，学习借鉴其他国家和地区的成功经验和做法，比如学习他们的法律制定和实施机制、司法体制改革、法律援助制度建设等方面的经验。通过借鉴国际先进法治经验，法律从业者可以更好地应对国内法律实践中面临的挑战和问题，提升我国法治建设的水平和质量。在全球化背景下，国内法律与国际法律的衔接与协调显得尤为重要。我国学者需要加强国内法律与国际法律的研究和比较，找出两者之间的共性和差异，推动国内法律体系的完善和发展。同时，还需要积极参与国际法律规则的制定和修订过程，争取在国际法律舞台上发出更多的中国声音。通过加强国内法律与国际法律的衔接与协调，我国可以更好地适应全球化的法律环境，提升国内法治建设的国际化水平。

实现法律实务的国际化发展，离不开具备国际视野的法律人才。我国需要加强法律人才的培养和教育，注重培养他们的国际意识和跨文化交流能力。例如，加强国际法律教育课程的设置和教学质量的提升，鼓励法律人才参与国际法律事务和国际交流活动，以及推动国内外法律教育机构之间的合作与交流等。通过培养具备国际视野的法律人才，可以为法律实务的国际化发展提供有力的人才保障。为了推动开放思维的深入发展，需要建立开放的法律研究与合作机制。例如，加强与国际法律研究机构的合作与交流，共同开展法律研究项目，分享研究成果；鼓励国内法律研究机构之间的合作与竞争，形成多元化的研究格局。通过开放的法律研究与合作机制，可以汇聚全球法律智慧，推动法律实务的创新与发展。

四、强化科技思维在法治建设中的应用

随着科技的迅猛发展，大数据、人工智能等新技术正在深刻改变着社会的方方面面，法律领域也不例外。这些新技术不仅为法律实务提供了更加高效、便捷的工具，更为法治思维的创新与发展注入了新的活力。因此，强化科技思维在法治建设中的应用，积极探索新技术在法律领域的应用模式和路径，对于推动法治建设的智能化和现代化具有重要意义。科技思维强调以科技为手段，以创新思维为核心，推动社会各领域的发展与进步。在法治建设中，科技思维的应用不仅可以提高法律实务的效率和质量，还可以为法律问题的解决提供更加科学、精准的方案。例如：大数据技术的应用可以帮助法律从业者更加全面地收集和分析案件信息，提高案件处理的准确性和公正性；人工智能技术的运用则可以辅助法律从业者进行法律文书的撰写和案件的预判，减轻工作负担，提高工作效率。

在信息化时代，数据已经成为一种重要的资源。对于法律领域而言，建立一个完善的法律数据库和信息系统，是实现科技思维应用的基础。法律数据库和信息系统通过收集、整理和分析各类法律数据，可以为法律从业者提供便捷的查询和参考服务，帮助他们更加快速地了解法律条文和案例，提高法律实务的效率。法律数据库和信息系统还可以为法律研究提供丰富的素材和依据，推动法律理论的发展和创新。人工智能技术在法律领域的应用已经取得了一定的成果。例如，智能法律机器人可以辅助法律从业者进行法律咨询和解答；智能审判系统可以辅助法官进行案件审理和判决。未来，应进一步加强人工智能技术在法律领域的

应用，探索更加智能化的法律服务模式。例如，可以利用人工智能技术开展法律文书自动生成、案件预测预警等工作，提高法律服务的智能化水平。还应关注人工智能技术的伦理和法律问题，确保其应用符合法律法规和伦理规范。

大数据技术可以帮助法律从业者从海量数据中提取有价值的信息，使得案件处理能够基于更加全面、深入的分析。为了进一步提升法律实务的效率和质量，我们应推动大数据技术在法律实务中的应用。例如：利用大数据分析犯罪趋势和模式，为预防犯罪提供科学依据；通过大数据分析消费者行为和市场需求，为制定相关法律法规提供参考。同时还需要加强数据安全和隐私保护，确保大数据技术的合法、合规使用。要想实现科技思维在法治建设中的应用，关键在于培养一批具备科技思维的法律人才。这些人才不仅需要具备扎实的法律专业知识，还需要掌握一定的科技知识和技能。为此，我们应加强法律教育与科技教育的融合，推动法律院校与科技企业的合作与交流。还应鼓励法律从业者积极学习新技术、新知识，提高自身的科技素养和创新能力。为了确保科技思维在法治建设中的有效应用，需要建立相应的评估与反馈机制。这一机制可以定期对科技思维在法治建设中的应用情况进行评估，总结经验教训，发现问题并提出改进措施。还应鼓励社会各界对科技思维在法治建设中的应用提出意见和建议，形成良性互动和共同发展的良好局面。

五、培养创新型法治人才

新兴技术的发展为法治思维创新提供了新的思路和方法。科技思维强调创新、开放和协作，这与法治建设所追求的公正、公平和效率是相辅相成的。通过强化科技思维在法治建设中的应用，可以实现科技与法律之间的深度融合，形成科技与法治的良性互动。这不仅能够提高法律服务的效率和质量，还能够为法律制度的完善和创新提供有力支持。

大数据技术的应用为法治建设提供了海量、精准的数据支持。通过收集、分析和利用这些数据，法律从业者可以更加深入地了解社会问题的本质和规律，为法律制定和实施提供更加科学的依据。例如，在司法领域，大数据可以用于案件分析、量刑辅助等方面，提高司法决策的准确性和公正性。在立法领域，大数据可以用于政策评估、法规效果预测等方面，为立法决策提供更加全面的参考。人工智能技术的发展为法治建设提供了智能化、自动化的解决方案。通过运用人工智能技术，我们可以实现法律服务的智能化升级，提高法律服务的效率和质量。例如，智能法律咨询系统可以为用户提供实时、准确的法律咨询服务。智能审判系统可以辅助法官进行案件审理，提高审判效率和公正性。人工智能还可以用于法律文书的自动生成、法律案例的自动检索等方面，进一步减轻法律从业者的工作负担。

为了充分发挥科技在法治建设中的作用，我们需要构建科技驱动的法治创新平台。这个平台可以集成大数据、人工智能等先进技术，为法律从业者提供便捷、高效的工具和服务。这个平台还可以作为法律创新成果的展示和交流平台，促进法律从业者之间的交流和合作，推动法治建设的不断创新和发展。实现科技思维在法治建设中的深入应用，离不开跨界人才的培养。因此，我们需要加强科技人才与法律人才之间的跨界交流和合作，共同培养既具备法律素养又懂科技应用的复合型人才。这些人才可以在法律与科技的交汇点上发挥独特的作用，推动法治建设的智能化和现代化进程。

在强化科技思维在法治建设中的应用的同时，我们也需要关注科技应用可能带来的风险和挑战。为此，需要完善科技在法治建设中的监管机制，确保科技应用的合法、合规和安全。例如，建立相应的法律法规体系，规范科技在法律领域的应用行为；加强数据安全和个人隐私保护，防止数据滥用和泄露；对科技应用进行定期评估和审查，确保其符合法治建设的要求和目标。

六、树立以人民为中心的法治理念

在新时代背景下，法治建设不仅仅是一个制度框架的构建过程，更是一个深入人心的价值理念的传播与实践过程。树立以人民为中心的法治理念，就是要将法治思维创新与人民的需求和利益紧密结合，确保法治建设的每一步都紧贴民心、符合民意。以人民为中心的法治理念，就是要始终坚持人民的主体地位，将人民的利益作为法治建设的出发点和落脚点。这要求在制定法律、执行法律、解释法律的过程中，都要充分考虑人民的权益和利益，确保法律的公正性、合理性和有效性。还要注重法律的普及和宣传，让人民了解法律、信任法律、运用法律，使法治成为全社会共同遵循的价值准则和行为规范。

在法治建设过程中，法律制定是基础和前提。以人民为中心的法治理念要求在制定法律时，必须广泛听取人民的意见和建议，充分反映人民的意志和利益。通过公开征集立法建议、举行立法听证会等方式，让人民参与到法律制定的过程中来，确保法律的民主性和科学性。同时，我们还要关注社会热点问题和民生问题，及时将人民的关切和诉求转化为法律条文，为人民的幸福生活提供坚实的法治保障。

法律的生命力在于实施，法律的权威也在于实施。以人民为中心的法治理念要求在法律执行过程中，必须严格依法办事，公正文明执法，切实维护人民的合法权益。为此，我们需要加强对执法行为的监督和制约，防止执法不公、执法不严、执法不廉等问题的发生。还要完善法律援助制度，为弱势群体提供必要的法律帮助，确保他们在法律面前享有平等的权利和机会。普法宣传教育工作是树立以人民为中心的法治理念的重要途径。我们要通过各种渠道和形式，加强法律知识的普及和传播，提高人民的法律意识和法律素养。通过举办法律讲座、开展法治文化活动等方式，让人民了解法律的基本精神和主要内容，帮助他们掌握运用法律的基本方法和技能。还要加强对青少年的法治教育，培养他们的法治观念和法治思维，为未来的法治建设培养合格的人才。

法律服务是法治建设的重要组成部分，也是满足人民多元化需求的重要手段。我们需要推动法律服务向基层延伸，为人民群众提供更加便捷、高效、优质的法律服务。通过建立健全基层法律服务体系，完善法律援助机制，推动法律服务与基层社会治理相结合，我们可以为人民群众提供全方位的法律服务支持。同时，还要鼓励和支持社会力量参与法律服务，发挥律师、公证员等法律专业人员在法治建设中的积极作用。司法是维护社会公平正义的最后一道防线，也是树立以人民为中心的法治理念的重要阵地。要在司法实践中充分体现以人民为中心的法治理念，确保司法公正、司法为民。通过加强司法公开、推进司法改革、完善司法监督等方式，提高司法公信力和司法效率。还要加强对司法活动的监督和制约，防止司法腐败和司法不公现象的发生，确保人民群众在每一个司法案件中都能感受到公平正义。

第二节 法律实务中证据规则与逻辑推理的完善

一、完善证据规则

证据规则作为法律实务中至关重要的组成部分，对于确保司法公正、维护当事人合法权益具有不可替代的作用。在新时代背景下，社会的快速发展和科技的日新月异给法律实务带来了前所未有的挑战，使得完善证据规则变得尤为重要。完善证据规则的首要任务是明确其指导原则。这些原则应包括合法性、真实性、关联性和充分性等方面。合法性要求证据的来源和收集方式必须符合法律规定，不得侵犯他人的合法权益；真实性要求证据必须真实可靠，不得伪造或篡改；关联性要求证据必须与案件事实具有逻辑上的联系，能够证明案件的关键事实；充分性则要求证据必须足够充分，能够形成完整的证据链，排除合理怀疑。

非法证据不仅损害当事人的合法权益，还严重破坏司法公正。完善证据规则必须加大对非法证据的排除力度。具体而言，应明确非法证据的范围和认定标准，严格规范证据的收集程序和方式，对非法证据予以坚决排除。此外，还应建立健全非法证据排除的监督和救济机制，以确保非法证据排除制度的有效实施。证据的认定是司法裁判的关键环节，其标准的完善对于确保司法公正至关重要。完善证据的认定标准，应综合考虑证据的种类、来源、收集方式以及与其他证据之间的相互关系等因素。还应结合案件的具体情况，灵活运用各种证据认定方法，如逻辑推理、事实推定等，以确保认定的准确性和公正性。证据审查是司法裁判过程中的重要环节，其透明度直接影响到司法公正和当事人对裁判结果的信任度。完善证据规则应着力提高证据审查的透明度。具体而言，应建立健全证据审查的公开机制，允许当事人及其代理人参与证据审查过程，提出质疑和申辩。还应加强对

/ 第七章 法治思维与法律实务的创新发展 /

证据审查过程的记录和保存，确保审查过程的可追溯性和可监督性。

随着科技的不断发展，新兴技术手段在证据收集与审查中的应用日益广泛。完善证据规则应积极推动科技在这一领域的应用，提高证据收集与审查的效率和准确性。例如：可以利用大数据、人工智能等技术手段对证据进行智能化分析和处理，提高证据审查的智能化水平；还可以探索利用区块链等技术手段对证据进行加密和存储，确保证据的安全性和不可篡改性。法律职业共同体对证据规则的共识是完善证据规则的重要保障。应加强对法律职业共同体成员的证据规则培训和教育，提高他们的证据意识和证据素养。还应建立健全法律职业共同体之间的沟通和协作机制，共同推动证据规则的完善和发展。

二、提升逻辑推理能力

逻辑推理能力是法律实务中的一项核心素养，对于确保法律决策的准确性和合理性具有重要作用。在新时代背景下，随着社会的日益复杂化和法治建设的不断深入，对法律人的逻辑推理能力提出了更高的要求。逻辑推理，简单来说，就是通过一定的推理规则和方法，从已知事实或假设出发，推导出新的结论或判断的过程。在法律实务中，逻辑推理是法律人分析案件事实、适用法律规定、作出法律判断的重要工具。它能够帮助法律人从纷繁复杂的法律现象中抽丝剥茧，发现案件的本质和规律，确保法律决策的准确性和合理性。深入理解逻辑推理的内涵与价值，是提升逻辑推理能力的前提和基础。

逻辑推理包括归纳推理和演绎推理等基本方法。在法律实务中，法律人需要灵活运用这两种推理方法，对案件事实进行深入剖析和推理。还应掌握类比推理、假设推理等其他推理方法，以丰富自己的推理手段，提高推理的准确性和有效性。

逻辑推理能力的提升离不开法律知识的支撑。法律人需要不断加强对法律知识的学习和掌握，熟悉法律规定和法律原则，了解法律实务中的常见问题和解决方法。还应注重将法律知识运用到逻辑推理中，利用法律知识对案件事实进行分析和判断，确保推理结果的合法性和合理性。实践经验是提升逻辑推理能力的重要途径。法律人需要在实践中不断积累经验，通过处理实际案件，锻炼自己的逻辑推理能力。还应注重对实践经验的总结和反思，分析自己在逻辑推理过程中存在的问题和不足，不断改进和完善自己的推理方法和思路。

批判性思维和创新能力是提升逻辑推理能力的重要支撑。法律人在逻辑推理过程中需要具备批判性思维，对案件事实和法律规定进行独立思考和判断，不盲从、不迷信权威。法律人还应具备创新能力，能够在逻辑推理中探索新的思路和方法，提出具有创新性的解决方案。逻辑推理能力的提升是一个长期的过程，需要法律人之间的交流与合作。法律人可以通过参加学术研讨会、案例分析会等活动，与同行交流经验和心得，共同探讨逻辑推理的方法和技巧。还可以通过团队合作的方式，共同处理复杂案件，相互学习、相互支持，共同提升逻辑推理能力。

三、加强证据规则的适应性与灵活性

随着社会的快速发展和科技的进步，新型案件和复杂案件层出不穷，传统证据规则面临着前所未有的挑战。为了有效应对这些挑战，我们必须加强证据规则的适应性和灵活性，根据具体情况进行适当的调整和完善。新型案件和复杂案件往往涉及新型法律关系、新型技术手段或新型法律问题，传统的证据规则可能无法完全适用。因此，法律人需要深化对这类案件的认识，把握其特点和规律，从而有针对性地调整和完善证据规则。具体而言，可以通过研究典型案例、分析法律条文、探讨学术观点等方式，不断提高对新型案件和复杂案件的认知水平。

针对不同领域的特点和需求，可以制定专门的证据规则。例如：在涉及电子数据的案件中，可以制定专门的电子数据证据规则，明确电子数据的收集、保全、审查和运用等方面的具体要求；在涉及生物科技、人工智能等新兴领域的案件中，也可以制定相应的证据规则，以适应这些领域的技术特点和发展趋势。传统的证据认定标准往往过于严格和僵化，难以适应新型案件和复杂案件的需求。可以引入更为灵活的证据认定标准，允许在特定情况下采用非传统证据或降低证据的证明标准。例如，在涉及网络侵权、知识产权等新型案件中，可以考虑采用网络截图、电子邮件等非传统证据,并适当降低证明标准,以更好地保护当事人的合法权益。

证据规则并非一成不变,而应随着社会实践和法律需求的变化而不断调整和完善。我们需要建立证据规则的动态调整机制,定期对现有证据规则进行审视和评估,及时发现问题并进行改进。还应鼓励司法实践中的创新和探索,对于在实践中证明行之有效的做法和经验,应及时进行总结和推广,以推动证据规则的不断完善和发展。法律人是适用证据规则的主体,他们的素质和能力直接影响着证据规则的适应性和灵活性。因此,需要加强法律人的培训和指导,提高他们的专业素养和实践能力。可以通过举办培训班、研讨会等方式,向法律人传授新型案件和复杂案件的处理技巧和方法。还可以通过发布指导性案例、制定司法解释等方式,为法律人提供具体的指导和帮助。加强证据规则的适应性与灵活性需要跨领域的合作与交流。法律人、技术专家、学者等应共同参与到证据规则的制定和完善过程中,充分发挥各自的专业优势,共同应对新型案件和复杂案件带来的挑战。同时,还应加强国际合作与交流,借鉴其他国家和地区的先进经验和做法,推动证据规则的国际化发展。

四、深化逻辑推理方法的研究与应用

逻辑推理作为法律实务中的核心工具,对于确保法律决策的准确性和合理性具有至关重要的作用。然而,随着社会的快速发展和科技的日新月异,传统的逻辑推理方法可能已无法完全满足现代法律实务的需求。深化逻辑推理方法的研究与应用,探索更加科学、合理的推理方法,已成为法律人不断追求自我提升和适应新时代需求的重要方向。逻辑推理方法的科学性和合理性直接影响到法律决策的准确性和公正性。深化逻辑推理方法的研究,不仅有助于提升法律人的思维能力和推理水平,还能够为法律实务提供更加精准、高效的解决方案。随着现代逻辑学、人工智能等领域的快速发展,逻辑推理方法的研究与应用也面临着前所未有的机遇和挑战。明确深化逻辑推理方法研究的重要性,是推动法律实务发展的关键一环。

现代逻辑学作为研究推理形式与规则的学科，为深化逻辑推理方法的研究提供了丰富的理论资源。法律人可以借鉴现代逻辑学的最新成果，如形式化方法、模态逻辑、归纳逻辑等，对法律问题进行更加深入、系统的分析。通过运用这些先进的逻辑工具，法律人能够更加精准地把握案件事实与法律规范的逻辑关系，提高推理的准确性和效率。

人工智能技术的快速发展为逻辑推理方法的应用提供了新的可能。法律人可以借助人工智能技术，开发智能化的法律推理系统，辅助自己进行逻辑推理和决策。例如，通过利用自然语言处理技术对法律文本进行深度解析，利用机器学习技术对法律案例进行智能匹配和推理等，都可以大大提高法律推理的效率和准确性。理论研究的最终目的在于更好地指导实践。在深化逻辑推理方法的研究过程中，应注重其实践应用。法律人可以结合具体案件和实际问题，尝试运用新的逻辑推理方法进行分析和推理，不断总结经验教训，完善推理方法。还可以通过案例分析、模拟法庭等方式，对逻辑推理方法进行实证研究和效果评估，以检验其可行性和有效性。

逻辑推理方法的研究与应用涉及多个学科领域的知识和技术。加强跨学科交流对于推动逻辑推理方法的发展具有重要意义。法律人可以与逻辑学家、计算机科学家、法学家等相关领域的专家学者进行深入的交流与合作，共同探索逻辑推理方法在法律实务中的应用前景和发展方向。跨学科的交流和合作可以打破学科壁垒，促进知识的融合与创新，从而为逻辑推理方法的研究与应用提供更加广阔的视野和思路。提升逻辑推理能力是深化逻辑推理方法研究与应用的关键。应加强对法律人的逻辑推理能力培养。可以通过举办逻辑推理培训、开设逻辑推理课程等方式，向法律人传授逻辑推理的基本知识和方法。还可以通过案例分析、辩论赛等活动，锻炼法律人的逻辑推理能力和思维水平。还可以鼓励法律人积极参与学术研究和实践探索，不断提高自己的逻辑推理能力和专业素养。

五、建立证据规则与逻辑推理的反馈机制

证据规则与逻辑推理作为法律实务的核心要素，其完善与发展是一个持续不

断的过程。为了确保证据规则与逻辑推理能够与时俱进，适应不断变化的社会需求和法律实践，建立一种有效的反馈机制显得尤为重要。这种反馈机制旨在收集、分析并应对实际案例中的经验和问题，从而及时调整和完善证据规则与逻辑推理方法。反馈机制是优化系统性能、提升决策质量的关键环节。在法律实务中，证据规则与逻辑推理的完善同样需要依靠有效的反馈机制。通过反馈机制，可以及时发现证据规则与逻辑推理在实际应用中存在的问题和不足，进而有针对性地进行调整和改进。这不仅能够提升法律决策的准确性和公正性，还能够增强法律实务的适应性和灵活性。

建立反馈机制的首要任务是构建多元化的信息收集渠道，可以定期收集法院、检察院、律师事务所等法律实务部门的案例数据，关注社会舆论和公众意见，以及利用现代科技手段如大数据分析、人工智能等技术手段来挖掘和分析法律实务中的问题和趋势。通过这些渠道，可以全面、深入地了解证据规则与逻辑推理在实际应用中的情况，为后续的分析和改进提供丰富的素材。为了更好地分析和应对收集到的信息，应设立专门的研究机构或团队来负责反馈机制的运行。这些机构或团队应具备深厚的法律理论素养和丰富的实践经验，能够对收集到的信息进行深入剖析和研究，提出切实可行的改进建议。还应与实务部门保持密切联系，确保研究成果能够及时反馈到实践中去。

经验交流与分享是提升法律实务水平的重要途径。通过定期举办经验交流会、研讨会等活动，法律从业者可以让不同领域的法律人有机会聚在一起，分享彼此在证据规则与逻辑推理方面的经验和心得。这不仅有助于拓宽法律人的视野和思路，还能够促进不同领域之间的交流与合作，共同推动法律实务的发展。反馈机制的有效性需要通过实证研究来检验。应加强对证据规则与逻辑推理改进效果的评估工作。通过对比改进前后的案例数据、公众满意度等指标，可以客观地评价反馈机制的实际效果，从而不断调整和优化反馈机制的运行方式。还可以利用实证研究结果来指导未来的法律实务工作，提升法律决策的科学性和合理性。反馈机制的建设不是一次性的任务，而是一个持续不断的过程。我们根据社会发展和法律实践的变化，不断调整和完善反馈机制的运作方式和内容。还应注重反馈机制的创新性，积极探索新的信息收集和分析方法，提高反馈机制的效率和准确性。

六、加强法律实务人员的培训和教育

法律实务人员作为法律实施的重要主体，其专业素养和综合能力直接关系到法律实务的质量和效果。在当前社会变革和法治建设不断深化的背景下，加强法律实务人员的培训和教育显得尤为重要。通过系统的培训和教育，法律实务人员可以不断提升自身的专业素养和综合能力，更好地适应新时代法律实务的需求和挑战。加强法律实务人员的培训和教育，需要明确培训和教育的目标。这些目标应涵盖提升法律实务人员的专业知识水平、增强实践能力、培养创新思维等多个方面。通过明确目标，可以确保培训和教育内容具有针对性和实效性，帮助法律实务人员解决在实际工作中遇到的问题，提升他们的专业素养和综合能力。

定期举办培训课程是加强法律实务人员培训和教育的重要途径。这些课程通常包括法律知识更新、案例分析、逻辑推理方法等内容，旨在帮助法律实务人员及时掌握最新的法律知识和技能。培训课程还可以邀请业界专家和学者进行授课，分享他们的实践经验和研究成果，为法律实务人员提供更为广阔的视野和思路。实践操作演练是加强法律实务人员培训和教育的重要环节。通过模拟真实案件场景，让法律实务人员在实际操作中运用所学的知识和技能，可以帮助他们更好地理解和掌握法律实务的流程和技巧。实践操作演练还能够暴露法律实务人员在处理实际问题时存在的不足和问题，促使他们进行反思和改进，进一步提升解决实际问题的能力。邀请专家进行讲座是加强法律实务人员培训和教育的重要方式之一。这些专家可以是法律界的知名学者、律师、法官等，他们具有丰富的实践经验和深厚的理论素养。通过听取专家的讲座，法律实务人员可以了解最新的法律动态、研究成果和实践经验，拓宽自己的视野和思路。与专家的交流互动还可以激发法律实务人员的创新思维和灵感，促进他们在法律实务中不断探索和创新。

在加强法律实务人员的培训和教育过程中，应特别注重职业道德教育。通过组织专题讲座、开展案例讨论等方式，引导法律实务人员树立正确的职业观念和价值观，增强他们的责任感和使命感。还应加强对法律实务人员职业道德行为的监督和评价，确保他们在实际工作中能够遵守职业道德规范，维护法律的公正和权威。加强法律实务人员的培训和教育是一项长期且持续的工作。因此，应建立持续学习机制，鼓励法律实务人员自主学习和不断提升。可以通过建立学习平台、提供学习资源等方式，为法律实务人员提供便捷的学习途径和丰富的学习内容。同时，还可以设立学习奖励机制，对在学习中取得优异成绩的法律实务人员进行表彰和奖励，激发他们的学习热情和积极性。

第三节　法律语言与法治思维的协同发展

一、规范法律语言的使用

法律语言是法律实务中的核心要素，具有严谨、准确、规范的特点。使用规范法律语言对于确保法律文本的准确性和权威性至关重要。通过制定相关规范文件、加大法律文本的审查和修改力度，可以有效提升法律语言的规范性和一致性，从而保障法律实施的效果和公信力。为了规范法律语言的使用，首先需要制定相关的规范文件。这些文件应明确法律语言的使用标准和要求，包括词汇选择、句式结构、语法规则等方面。通过制定统一的标准和要求，可以为法律人在撰写法律文本时提供明确的指导，确保法律语言的准确性和规范性。同时，规范文件还可以作为法律文本审查和修改的依据，为提升法律文本的质量提供有力保障。

制定规范文件只是规范法律语言使用的第一步，真正确保法律语言的准确性和权威性还需要加大对法律文本的审查和修改力度。在审查过程中，应重点关注法律文本的表述是否准确、清晰，是否存在用词不当、语法错误等问题。对于发现的问题，应及时进行修改和完善，确保法律文本的规范性和一致性。还可以建立法律文本审查的反馈机制，对审查结果进行定期汇总和分析，以便发现和解决普遍存在的问题。法律人的语言素养和法律专业能力是影响法律语言规范使用的关键因素。所以应加强对法律人的培训和教育，提高他们的语言素养和法律专业能力。可以通过组织培训课程、开展实践活动等方式，帮助法律人掌握法律语言的基本规则和技巧，提高他们的法律文本撰写能力。还应鼓励法律人不断学习新知识、新技能，以适应不断变化的法律实务需求。

为了引导法律人规范使用法律语言，可以推广一些法律语言使用的示范文本和案例。这些示范文本和案例应体现法律语言的严谨性和准确性，为法律人在撰写法律文本时提供可借鉴的模板和参考。通过学习和借鉴示范文本和案例，法律人可以更好地掌握法律语言的使用技巧和规范要求，提高法律文本的质量和水平。为了确保法律语言使用的规范性和一致性，需要建立相应的监督机制。这个机制包括定期的法律文本质量检查、对法律人语言使用能力的考核以及公众对法律文本质量的反馈渠道等。通过监督机制的实施，法律人可以及时发现和纠正法律语言在使用中出现的问题，保障法律文本的准确性和权威性。监督机制还可以促进法律人不断自我提升，形成良性竞争的氛围，推动法律语言使用的整体水平提升。

二、提升法律语言的表达能力

法律语言的表达能力是法律人专业素养的重要组成部分，直接关系到法律思维的深度和广度。提升法律人的语言表达能力，有助于他们更精准地阐述法律问题、表达法律观点，从而增强法律文本的准确性和说服力。法律语言是法律知识的载体，深入学习和理解法律知识是提升法律语言表达能力的基石。法律人应系统地掌握法律的基本概念、原则和规则，了解法律体系的内在逻辑和关联。通过不断学习和积累，法律人能够更准确地运用法律语言，避免出现概念模糊、表述不清等问题。

法律语言具有严谨、准确、规范的特点，熟悉其特点和用法是提升表达能力的关键。法律人应掌握法律专业术语的含义和用法，了解法律语言的语法规则和表达习惯。还应关注法律语言的发展变化，及时更新自己的知识储备。通过熟练掌握法律语言，法律人能够更准确地传达法律信息，提高法律文本的质量。实践是提升法律语言表达能力的有效途径。法律人应积极参与法律实务活动，通过实践锻炼和提升自己的表达能力。在处理具体案件时，法律人应善于运用法律语言阐述案件事实、分析法律关系、提出法律意见。法律人还应注重经验积累，不断总结自己在语言表达方面的得失，以便更好地提升自己的表达能力。

法律语言的精准表达需要具备清晰的逻辑思维。加强逻辑思维的训练对于提升法律语言的表达能力至关重要。法律人应学会运用逻辑推理、归纳演绎等方法，将复杂的法律问题条理化、系统化。在表达时，应注重条理清晰、层次分明，避免出现逻辑混乱、表述不清的情况。通过加强逻辑思维的训练，法律人的表达将更具说服力和影响力。修辞手法是提升法律语言表达能力的重要手段。法律人在表达时，可以适当运用比喻、排比、反问等修辞手法，使表达更加生动、形象。还应注重语言的精练和准确，避免冗长烦琐、词不达意的情况。通过巧妙运用修辞手法，法律人的表达将更具感染力和说服力，更好地引起读者的共鸣和思考。法律是一个不断发展的领域，新的法律法规、司法解释和判例不断涌现。法律人需要保持持续学习的态度，不断更新自己的法律知识和语言技能。通过参加法律培训、阅读法律文献、关注法律动态等方式，法律人可以了解最新的法律理念和实践经验，提升自己的专业素养和表达能力。

三、促进法律语言与法治思维的相互融合

法律语言与法治思维在法律实践中密不可分，二者的相互融合是提升法律实践效果的关键所在。通过促进法律语言与法治思维的深度融合，我们能够更加准确地表达法律观点、阐释法律问题，从而确保法律实施的公正性和有效性。法律教育是培养法律人才的重要途径，也是促进法律语言与法治思维融合的基础。在法律教育中，应强化法治思维与法律语言的结合，注重培养学生的法治思维能力和法律语言表达能力。通过案例分析、课堂讨论等方式，引导学生深入理解法治思维的核心要义，掌握法律语言的运用技巧。还应加强法律实务课程的设置，让学生在实践中锻炼法治思维，提升法律语言的运用能力。

法律实务是法律语言与法治思维融合的重要场所。在法律实务中，法律人应运用法治思维来指导法律语言的使用和表达。在处理具体案件时，法律人应首先运用法治思维对案件进行分析和判断，明确法律适用的原则和标准。通过法治思维的引导，法律人能够更加准确地运用法律语言，确保法律实施的准确性和公正性。法律语言的规范化建设是促进法律语言与法治思维融合的重要保障。通过制定法律语言规范文件、建立法律语言审查机制等方式，可以确保法律语言的准确性和规范性。规范化的法律语言也有助于统一法治思维，减少因语言差异导致的法律适用不一致问题。因此，应加强对法律语言规范化建设的重视，不断完善相关制度和机制。法律人的专业素养是法律语言与法治思维融合的关键因素。只有具备深厚法律知识和丰富实践经验的法律人，才能够更好地运用法治思维指导法律语言的使用和表达。还应加强对法律人的培训和教育，提升他们的专业素养和综合能力。通过定期组织培训课程、开展实务操作演练等方式，帮助法律人掌握最新的法律知识和实务技能，推动法律语言与法治思维的深度融合。

在实践中，我们应积极探索和创新法律语言与法治思维融合的实践模式。例如，可以开展法律语言与法治思维融合的案例研究，通过深入分析具体案例中的法律语言和法治思维运用情况，总结经验和教训，为今后的实践提供借鉴和参考。还可以加强跨学科合作与交流，借鉴其他学科在语言表达和思维培养方面的先进经验和方法，促进法律语言与法治思维的创新发展。法律语言与法治思维的融合不仅需要在法律人和法律教育中得到体现，还需要在社会普法宣传中得到普及。通过加强普法宣传，提高公众对法治思维和法律语言的认识和理解，有助于形成全社会共同遵守法律、运用法治思维解决问题的良好氛围。我们应注重社会普法宣传的开展，利用多种渠道和形式普及法治知识和法律语言，提升全社会的法治素养。

四、法律语言的精练与法治思维的深化

法律语言的精练不仅是语言艺术的一种体现，更是深化法治思维的重要途

径。在法律实践中，法律人通过运用精练的法律语言，能够更准确地表达法律意图，阐述法律原理，从而深化对法治精神的理解和运用。法律语言具有高度的概括性和抽象性，它能够通过简洁的词汇和句式揭示法律问题的本质。法律人在运用法律语言时，需要对法律问题进行深入思考和分析，提炼出问题的核心和关键。这种提炼过程本身就是法治思维深化的体现。通过精练的法律语言，法律人能够更直接地触及法律问题的实质，为问题的解决提供有力的法律支持。

在法律实践中，由于不同的法律人对法律问题的理解可能存在差异，因此需要通过精练的法律语言来统一法律认识。精练的法律语言能够消除歧义，减少误解，使法律人在共同的法律语言基础上形成一致的法律认识。这种一致性不仅有助于法律实施的准确性和公正性，还能够提升法治思维的深度和广度。法治思维的核心之一是逻辑严密性，而精练的法律语言是实现逻辑严密性的重要工具。精练的法律语言要求表述清晰、逻辑严密，避免使用冗余和模糊的词语。在运用精练的法律语言时，法律人需要仔细推敲每个词汇和句子的含义和逻辑关系，确保法律表述的准确性和一致性。这种推敲过程有助于培养法律人的逻辑思维能力和法治思维深度。

法律语言的精练性要求法律人具备扎实的法律功底和深厚的专业素养。法律人需要不断学习和掌握法律知识，了解法律术语的含义和用法，以便能够准确、精练地表达法律观点。通过不断锤炼自己的法律语言能力，法律人的专业素养和法治思维水平也会得到相应提升。法治思维是一种理性、严谨、系统的思维方式，它要求法律人在处理法律问题时能够全面、深入地分析问题的各个方面，确保法律适用的准确性和公正性。而法律语言的精确性则为法治思维的深化提供了有力的指导。通过精确的法律语言，法律人能够更准确地把握法律问题的关键点，避免在思考过程中偏离法律轨道。精确的法律语言还能够为法律人提供清晰的思考框架和逻辑线索，帮助他们更好地组织和表达自己的法律观点。

五、法律语言的创新与法治思维的前瞻性

法律语言作为法律思维的载体，其创新与发展对于法治建设具有深远的影响。随着社会的快速发展和变革，新的法律问题和现象层出不穷，这要求法律语

言必须不断创新,以适应新的法治需求。同时,法律语言的创新也往往伴随着法治思维的前瞻性,为法治建设提供新的思路和方向。法律语言的创新是法治思维前瞻性的重要体现。在面对新的法律问题和现象时,法律人需要运用创新的法律语言来描述和解决这些问题,从而推动法治思维的更新和发展。这种创新性的法律语言不仅能够丰富法律体系的内涵,还能够为法治建设提供新的思路和方向。例如,在应对新型网络犯罪、数据保护等现代法律问题时,法律人需要创造出新的法律术语和表达方式,以便更准确地描述这些问题并提出有效的解决方案。这些创新性的法律语言不仅有助于提升法律文本的准确性和权威性,还能够推动法治思维向前发展。

  复杂的法律问题往往需要运用创新的法律语言来解决。传统的法律语言可能无法准确描述新型法律问题或现象,因此需要通过创新来完善和发展。例如,在环境保护、知识产权保护等领域,随着科技的不断进步和社会的发展,新的法律问题不断涌现。为了应对这些挑战,法律人需要不断创新法律语言,以便更准确地界定法律责任、明确权利义务关系,并提出有效的法律解决方案。这种创新性的法律语言不仅能够为解决复杂法律问题提供有力支持,还能够推动法治建设向更高水平迈进。法律语言的创新也有助于法律文化的传播与交流。创新性的法律语言能够打破传统语言的束缚,使法律文本更加生动、易懂,从而更容易被公众接受和理解。创新性的法律语言还能够促进不同法律体系之间的交流与融合,推动全球法治建设的发展。例如,在国际合作中,通过使用创新的法律语言来阐述共同的法律原则和价值观,可以促进各国之间的法律互信和合作,共同应对全球性法律问题。

  法治思维的前瞻性不仅能够引导法律语言的创新,还能够为法律语言的创新提供动力和支持。具有前瞻性的法治思维能够敏锐地洞察社会发展和法律变革的趋势,预见未来可能出现的新型法律问题,从而推动法律人不断创新法律语言以适应新的需求。同时,前瞻性的法治思维还能够为法律语言的创新提供理论支撑和指导,确保创新性的法律语言既符合法律的基本原则和精神,又能够应对新的法律问题。为了充分发挥法律语言创新与法治思维前瞻性的相互作用,需要加强二者的融合。法律人应不断提升自身的法治思维能力和法律语言表达能力，善于运用创新的法律语言来描述和解决新的法律问题。同时，加强法律教育和培训，培养具有前瞻性法治思维的法律人才，也是为法律语言的创新提供源源不断的动力。此外，通过加强国际交流与合作，借鉴其他国家和地区的先进经验，也可以推动我们的法律语言创新和法治思维前瞻性不断向前发展。

六、法律语言的普及与法治思维的广泛传播

在法治建设的过程中，法律语言的普及与法治思维的广泛传播占据着举足轻重的地位。这两者相辅相成，共同推动着法治社会的进步与发展。法律语言的普及能够降低法律知识的门槛，使更多的人能够理解和运用法律；而法治思维的广泛传播则能够提升全社会的法治意识，营造尊法、学法、守法、用法的良好氛围。法律语言作为法律知识的载体，其普及程度直接影响到公众对法律的理解和掌握。普及法律语言，可以使更多的人了解法律的基本概念、原则和规则，从而增强他们的法律意识，提高他们依法维权的意识和能力。法律语言的普及还有助于消除法律知识的信息不对称，减少因误解或无知而引发的法律纠纷，维护社会的和谐稳定。

法治思维是以法律为准则、以法治为理念的思考方式。传播法治思维，能够引导公众树立正确的法律观念，增强他们的法治信仰，使他们自觉遵守法律、维护法律尊严。法治思维的传播还能够推动政府依法行政、企业合规经营和社会公正公平，为法治社会的建设奠定坚实的基础。开展法律宣传教育活动是普及法律语言和传播法治思维的有效途径。通过举办法律知识讲座、法律咨询活动和法治文化展览等形式，向公众普及法律的基本概念、原理和制度，提高他们的法律素养。还可以利用媒体平台，如电视、广播、报纸、网络等，广泛传播法律知识，扩大法律宣传的覆盖面和影响力。

编写法律普及读物是普及法律语言的另一种重要方式。这些读物应以通俗易懂的语言，介绍法律的基本概念、原理和制度，帮助公众理解法律的基本精神和要求。这些读物中可以通过结合实际案例，对法律知识进行生动的解读和阐释，

从而增强读者的阅读兴趣和理解能力。通过广泛发行这些读物，可以使更多的人接触到法律知识，提高他们的法律素养。加强法治教育体系建设是长期而有效地普及法律语言和传播法治思维的关键。教育体系应涵盖学校教育、社会教育和家庭教育等多个层面。在学校教育中，法治教育应成为课程设置的一部分，确保学生能够系统地学习法律知识，培养法治思维。在社会教育中，可以通过社区、企业等组织，开展形式多样的法治教育活动，提高公众的法律意识和法治素养。在家庭教育中，家长应引导孩子树立正确的法律观念，培养他们的法治意识和行为习惯。在信息化时代，利用新媒体平台普及法律语言和传播法治思维具有得天独厚的优势。通过建设法律网站、法律微博、法律微信公众号等新媒体平台，可以实时发布法律知识、解读法律法规、分享法治动态，吸引更多网民关注和参与。还可以利用短视频、直播等新媒体形式，以更加生动、直观的方式普及法律知识，提高公众的法律素养和法治意识。

第八章 未来研究方向与挑战

第一节　法治思维与法律语言研究的未来趋势与方向

一、法治思维的深化与拓展

法治思维作为现代社会治理的重要基石，不仅体现了一个国家的法治水平，更是衡量社会文明进步的重要标志。随着法治建设的深入推进，法治思维的研究与实践日益受到关注。法治思维的深化首先体现在对其内涵的深入研究上。法治思维不仅是一种以法律为准则的思维方式，更是一种体现公平正义、尊重权利、维护秩序的现代思维方式。法律从业者需要进一步揭示法治思维的内在逻辑和核心理念，明确其在国家治理、社会治理和个人行为中的指导作用。还应关注法治思维与其他思维方式的关系，如道德思维、经济思维等，探讨它们之间的相互作用与影响，从而丰富和拓展法治思维的内涵。

深化法治思维还需要拓展其应用领域。当前，法治思维已经被广泛应用于政治、经济、文化、社会等各个领域，但仍有进一步拓展的空间。例如，在生态环境保护、网络安全、人工智能等新兴领域，法治思维应发挥更加重要的作用。法律从业者还应关注法治思维在国际合作与交流中的作用，推动构建人类命运共同体。通过拓展法治思维的应用领域，可以使其更好地服务于国家治理体系和治理能力现代化的需要。法治思维的深化与拓展还需要加强与其他学科的交叉融合。法学作为研究法律现象和法治问题的学科，自然应成为法治思维研究的主力军。但同时，也应看到其他学科在法治思维研究中的重要作用。例如，政治学、社会学、心理学等学科可以从不同角度对法治思维进行解读和分析，为法治思维的深化提供新的思路和视角。我们应加强法学与其他学科的交流与合作，共同推动法治思维研究的深入发展。

深化与拓展法治思维还需要提升其在社会中的认同度。只有当法治思维成为全社会共同遵循的思维方式时，才能真正发挥其应有的作用。我们应该通过各种途径加强法治宣传教育，提高公众对法治思维的认识和理解。还应加强法治实践，让公众在实际生活中感受到法治思维带来的实际效益。通过提升法治思维的社会认同度，我们可以为其深化与拓展奠定坚实的社会基础。法治思维的深化与拓展离不开一支具备深厚法治思维的人才队伍。这支队伍应包括法学专家、学者、法律工作者以及广大公民。对于法学专家和学者来说，他们应深入研究法治思维的内涵和应用，为法治建设提供理论支持；对于法律工作者来说，他们应在实际工作中运用法治思维解决问题，推动法治实践的发展；对于广大公民来说，他们应增强法治意识，自觉遵守法律，维护法治秩序。通过培养这样一支具备深厚法治思维的人才队伍，可以为法治思维的深化与拓展提供有力的人才保障。

二、法律语言的规范化与精准化

法律语言是法律领域特有的表达工具，它不仅承载了法律思维的精髓，更是确保司法公正、提升司法公信力的重要基石。法律语言的规范化和精准化对于维护法律体系的统一性和权威性，促进法律实践的有效进行，具有不可替代的作用。法律语言的规范化是法治建设的基本要求之一。规范化的法律语言能够确保法律文本的准确性和一致性，避免因语言表述不清或歧义而引发法律纠纷。规范化的法律语言还能够提升法律文书的权威性和公信力，使公众对法律产生信任和尊重。规范化的法律语言还促进了法律职业共同体之间的有效沟通，提高司法效率和质量。

法律语言的精准化是确保法律适用准确性的关键。精准的法律语言能够精确地表达法律概念、原则和规则，使法律文本更具操作性和可执行性。在法律实践中，精准的法律语言有助于法官、检察官、律师等法律从业者准确理解法律意图，正确适用法律，保障公民的合法权益。精准的法律语言还能够提升法律文书的可读性和说服力，增强法律文书的法律效力。

法律术语是法律语言的重要组成部分，其规范使用对于法律语言的规范化和精准化至关重要。为此，应建立统一的法律术语体系，明确术语的定义和用法，避免术语的滥用和误用，加强对法律术语的研究和普及，提高公众对法律术语的认知和理解。法律文书是法律语言应用的重要载体，其表达水平直接关系到法律语言的规范化和精准化。因此，应加强对法律文书写作的培训和指导，提高法律职业人员的文书写作能力。具体而言，应注重法律文书的逻辑性、条理性和准确性，避免语言表述出现模糊和歧义的说法，注重法律文书的格式规范，确保文书的整洁和美观。

法律语言教育是培养具备良好法律语言素养的法律人才的重要途径。我们应加强对法律语言教育的重视，将其纳入法律教育体系的重要组成部分。通过开设法律语言课程、举办法律语言竞赛等活动，提高学生对法律语言的兴趣和认知，加强法律语言教育与实践的结合，使学生在实践中掌握和运用法律语言。法律语言研究是推动法律语言规范化和精准化的重要动力。应加强对法律语言研究的投入和支持，鼓励研究者深入探索法律语言的内在规律和特点。通过举办法律语言研讨会、出版法律语言研究成果等方式，推动法律语言研究的交流和发展。还应将法律语言研究成果应用于法律实践中，为法律实践提供有力的语言支持。

三、法律逻辑与修辞的研究与应用

法律逻辑与修辞作为法律语言研究的重要分支，对于提升法律论证的说服力和法律效力具有不可替代的作用。深入研究和应用法律逻辑与修辞，有助于增强法律职业人员的论证能力，促进法律实践的有效进行。法律逻辑是研究法律推理、法律论证的逻辑结构和规律的学科，它有助于确保法律论证的严密性和合理性。通过运用法律逻辑，法律从业者能够清晰地梳理案件事实、准确适用法律，从而得出公正合理的结论。而修辞则是一种运用语言技巧来说服听众的艺术，它能够帮助法律从业者更加生动、形象地表达法律观点，增强法律论证的说服力。深入研究法律逻辑与修辞，对于提升法律从业者的专业素养和综合能力具有重要意义。

在法律实践中，法律逻辑的应用主要体现在法律推理和法律论证两个方面。法律推理是通过逻辑推理得出法律结论的过程，它要求法律从业者遵循逻辑规律，从已知事实出发，逐步推导出结论。法律论证则是通过运用逻辑方法和证据规则来证明法律结论的正当性和合理性。在法律逻辑的指导下，法律从业者能够更加严谨地进行法律推理和论证，确保法律结论的准确性和权威性。修辞在法律实践中的应用则主要体现在法律文书的撰写和法律庭审的陈述两个方面。在法律文书的撰写中，修辞技巧的运用能够使法律文书更加生动、形象，增强读者的阅读体验。例如，通过运用比喻、排比等修辞手法，可以更加生动地描述案件事实，突出法律观点。而在法律庭审的陈述中，修辞技巧的运用则能够帮助律师更加有效地进行辩护和说服。通过运用恰当的语气、语调和肢体语言，律师能够增强自己的说服力，使法官更加倾向于接受自己的观点。

为了培养具备良好法律逻辑与修辞能力的法律人才，应加强对法律逻辑与修辞教育的重视。在法律教育中，应将法律逻辑与修辞课程纳入教学计划，确保学生掌握基本的逻辑方法和修辞技巧。还应注重培养学生的逻辑思维能力和修辞表达能力，通过案例分析、模拟法庭等形式，让学生在实践中锻炼和提升自己的能力。为了不断推动法律逻辑与修辞的研究与应用，应加强对这一领域的学术研究和交流。可以定期举办学术研讨会、出版学术著作等方式，为研究者提供交流和分享的平台，鼓励进行跨学科的研究合作，将法律逻辑与修辞与其他学科如语言学、心理学等进行交叉研究，以拓展研究的深度和广度。为了更好地发挥法律逻辑与修辞在法律实践中的作用，应注重对实际案例的应用分析。通过对典型案例的深入研究，可以总结出法律逻辑与修辞在具体案件中的应用方法和技巧。通过分析案例中的成功经验和不足之处，为未来的法律实践提供有益的借鉴和参考。

四、科技与法律语言研究的融合

随着科技的迅猛进步，特别是人工智能、大数据等前沿技术的快速发展，法律领域正经历着一场深刻的变革。科技与法律语言研究的融合，为法律实践和法律研究提供了新的视角和工具，推动着法律体系的不断完善和法律服务的智能化。同时也是提升法律工作效率、推动法治进步的重要途径。借助人工智能技术，法律人员可以更加高效地处理法律文本，进行法律信息的检索和分析；通过大数据技术，可以挖掘法律语言中的深层规律，为法律决策提供更加科学的依据。科技与法律语言研究的融合还有助于提升法律服务的智能化水平，使法律服务更加便捷、高效和精准。

人工智能技术的发展为法律语言处理带来了革命性变革。自然语言处理技术可以实现对法律文本的自动分析和处理，包括文本分类、信息抽取、情感分析等。例如，通过训练法律领域的自然语言处理模型，可以实现对法律文书的自动摘要生成，帮助法律人员快速了解案件的核心内容。人工智能还可以辅助法律人员进行法律文本的校对和纠错，提高法律文书的规范性和准确性。大数据技术为法律语言研究提供了海量的数据和丰富的分析方法。通过收集和分析大量的法律文本数据，可以揭示法律语言的内在规律和特征，为法律研究提供新的视角和思路。例如：可以利用大数据技术对法律判决进行统计分析，发现判决中的趋势和模式；还可以通过挖掘法律文本中的关联关系，揭示法律条文之间的内在联系和逻辑关系。这些分析结果可以为法律决策提供有力的支持，提高司法公正性和效率。

数据安全和隐私保护是一个需要重视的问题。在收集和使用法律文本数据时，必须确保数据的合法性和安全性，避免泄露个人隐私和敏感信息。技术的可靠性和稳定性也是一个需要关注的问题。人工智能技术在实际应用中可能会存在误差和偏差，因此，需要不断优化和改进算法模型，提高技术的准确性和可靠性。还需要加强对科技与法律语言研究人才的培养，培养具备跨学科知识和实践经验的复合型人才，推动科技与法律语言研究的深度融合。随着科技的不断进步和应用场景的拓展，科技与法律语言研究的融合将呈现出更加广阔的发展前景。一方面，随着人工智能技术的不断成熟和普及，法律语言处理将更加智能化和自动化，为法律从业者提供更加高效和便捷的工具支持。另一方面，随着大数据技术的深入应用和数据资源的不断丰富，法律语言研究将更加深入和全面，为法律决策提供更加科学和精准的依据。随着跨学科研究的不断深入和合作机制的不断完善，科技与法律语言研究的融合将推动法律领域的创新和发展，为法治建设贡献更多的智慧和力量。

第二节　法律推理与证据规则应用面临的挑战与机遇

一、挑战：复杂性与不确定性的增加

（一）科技发展带来的挑战

在信息化、数字化、智能化的时代背景下，科技发展的速度日益加快，各行各业迎来了前所未有的变革。然而，这些变革也带来了诸多挑战，特别是在法律领域，法律推理与证据规则的应用面临着巨大的挑战。随着电子数据、大数据的广泛应用，大量的信息得以记录和存储。这也引发了关于数据真实性和可靠性的问题。在法律推理中，数据的真实性是至关重要的，但电子数据由于其易篡改、易伪造的特点，使得其真实性难以得到保证。大数据的挖掘和分析往往依赖于复杂的算法和模型，这些算法和模型本身可能存在误差和偏见，从而影响了数据的可靠性。大数据的应用使得个人隐私的保护变得尤为困难。在法律推理中，往往需要收集和使用个人信息，但这些信息一旦被泄露或滥用，就可能对个人的隐私造成严重侵害。人工智能在处理个人信息时也可能出现隐私泄露的风险，如未经授权的访问、数据泄露等。随着人工智能在法律领域的应用越来越广泛，其法律责任问题也日益凸显。当人工智能系统做出错误决策或造成损失时，如何确定其法律责任成为一个难题。目前，法律尚未对人工智能的法律责任作出明确规定，这使得在实际应用中难以界定和追究责任。

网络犯罪作为一种新型犯罪形态，具有极高的复杂性和隐蔽性。犯罪分子往往利用技术手段进行非法活动，如网络诈骗、网络攻击等。这些犯罪行为不仅难以察觉，而且证据收集也面临诸多困难。在法律推理中，如何有效地收集、分析和运用电子证据成为一个重要的问题。随着人工智能技术的发展，智能犯罪也逐渐崭露头角。这类犯罪往往利用人工智能系统的漏洞或缺陷对其进行攻击和破坏。由于人工智能系统的复杂性和高度自动化，智能犯罪的识别和防范变得尤为困

难。在法律推理中，如何对智能犯罪进行有效打击和制裁，成为一个亟待解决的问题。

面对科技发展带来的挑战，法律从业者应对法律推理与证据规则进行适应并创新。需要加强对电子数据、大数据、人工智能等新技术的监管和规范，确保其在法律推理中的应用符合法律要求，并完善数据保护和隐私保护的法律制度，防止个人信息的滥用和泄露。也需要对新型犯罪形态进行深入研究和探索，制定相应的法律规范和打击措施。针对网络犯罪和智能犯罪的特点和难点，可以加强国际合作和技术研发，提高法律推理和证据收集的效率和质量。还需要加强对法律从业者的培训和教育，提高其科技素养和法律素养。只有具备足够的科技知识和法律素养，法律从业者才能更好地应对科技发展带来的挑战，为法律推理和证据规则的应用提供有力支持。

（二）证据形式的多样化与复杂化

在法治社会的持续演进中，证据的形式和内容正经历着前所未有的变革。随着科技的飞速发展和社会结构的深刻变化，证据的形态日益多样且复杂，这既为法律实践提供了新的视角，也带来了一系列新的挑战。传统上，法律实践主要依赖于书证、物证和证人证言这三种形式的证据。面对现代社会中日益复杂的案件和纷繁复杂的法律关系，这些传统证据形式逐渐显露出其局限性。它们往往难以全面、客观地反映案件的真实情况，尤其是在涉及高科技、网络犯罪等领域时，传统证据形式的不足更为明显。

随着信息技术的迅猛发展，电子数据和视听资料等新型证据形式大量涌现。电子邮件、聊天记录、网络交易记录等电子数据记录了人们在网络空间的活动轨迹，为法律实践提供了丰富的信息来源。视听资料则包括监控录像、录音资料等，它们能够直观地展现案件现场的情况，为法律推理提供有力的支持。新型证据的收集与审查却面临着诸多难题。电子数据由于其易篡改、易删除的特性，其真实性和完整性难以保证。如何确保电子数据在收集、传输和存储过程中的安全性，防止数据被篡改或删除，成为亟待解决的问题。视听资料的收集也面临同样的问题,如录像的清晰度、录音的音质等都可能影响到其作为证据的可信度。

随着证据形式多样化,不同证据之间的关联性和证明力问题也越发突出。传统上,人们可以通过书证、物证和证人证言之间的相互印证来形成完整的证据链。但在新型证据形式下,如何判断电子数据与视听资料之间的关联性,如何评估它们的证明力大小,都成为法律实践中需要解决的难题。面对多样化和复杂化的证据形式,法律实践和制度需要进行相应的适应性调整。需要制定更加完善的证据收集和审查规则,以确保新型证据的真实性和合法性。需要加强法律人员的专业培训,提高他们的证据分析和处理能力。还需要加强跨部门、跨领域的合作,共同应对新型证据带来的挑战。随着科技的进步和社会的变迁,证据形式还将继续发生新的变化。生物识别技术、人工智能等新兴科技在证据收集和分析方面的应用将为法律实践带来更多的可能性。随着国际交流的加深,跨国证据的收集与认定也将成为法律实践中的重要议题。

(三) 法律规则的滞后性

随着社会的快速发展和科技的日新月异,新型犯罪形态和新型证据形式不断出现,这使得现行法律规则在面对这些新型问题时显得力不从心,其滞后性越发明显。法律规则作为社会秩序的基石,其滞后性不仅影响了法律的适用和执行,更在一定程度上削弱了法律的权威性和公信力。深入探讨法律规则滞后性的原因、影响及应对措施,对于维护社会公正、保障人民权益具有重要意义。随着信息技术的广泛应用和网络空间的不断拓展,新型犯罪形态层出不穷,如网络诈骗、网络盗窃、网络恐怖主义等。这些新型犯罪形态具有隐蔽性、跨地域性、高技术性等特点,使得传统的侦查手段和证据收集方式难以适用。现行法律规则在面对这些新型犯罪形态时,往往存在定义模糊、定罪标准不明确等问题,导致法律推理过程中存在诸多不确定性。

网络诈骗案件中,犯罪分子利用虚假信息、伪造身份等手段骗取他人财物,其行为手段和技术手段不断更新。现行法律规则对于网络诈骗的认定和定罪标准并未给出明确的规定，使得司法机关在处理此类案件时往往面临无法可依的困境。这不仅影响了案件的及时侦破和公正处理，也给受害人带来了巨大的经济损失和精神伤害。

随着科技的进步，新型证据形式如电子数据、生物识别信息等不断涌现，为法律实践提供了新的证据来源。电子数据作为现代社会中的重要信息载体，其在证明案件事实方面具有重要作用。然而，电子数据具有易篡改、易删除的特点，其真实性和完整性难以保证。现行法律规则对于电子数据的收集、审查、认定等程序并未给出明确的规定，导致电子数据在作为证据使用时存在诸多不确定性。生物识别信息作为一种新型的身份识别方式，其在证明身份和认定犯罪事实方面具有重要作用。然而，生物识别信息的收集和使用涉及个人隐私和信息安全等敏感问题，如何在保护个人隐私和确保信息安全的前提下合理使用生物识别信息作为证据，是现行法律规则面临的重大挑战。

除了新型犯罪形态和新型证据形式带来的挑战，不同法律规则之间的冲突和矛盾也给法律推理带来了困难。在复杂多变的现代社会中，不同领域的法律规则往往存在交叉和重叠的情况，导致在适用法律时可能出现相互冲突或矛盾的情况。例如，在涉及个人信息保护的案件中，既要保护个人隐私权不受侵犯，又要确保司法机关能够依法获取和使用相关信息作为证据。现行法律规则在个人信息保护和证据收集之间并未给出明确的平衡标准，使得在实践中难以找到既符合法律精神又能解决实际问题的最佳方案。

面对法律规则的滞后性及其带来的挑战，我们应加快立法进程，及时制定和完善与新型犯罪形态和新型证据形式相适应的法律规则。并加强司法人员的专业培训，提高他们的法律素养和应对新型问题的能力。还应加强跨部门、跨领域的合作与协调，共同应对新型犯罪形态和新型证据形式带来的挑战。注重平衡法律规则的稳定性和灵活性。在保持法律规则稳定性的基础上，应适当引入灵活性机制，以适应不断变化的社会现实和科技发展。例如，可以通过制定指导性案例、发布司法解释等方式，对新型犯罪形态和新型证据形式进行及时规范和引导。

（四）社会价值观和伦理观念的变迁

在信息化、全球化和社会多元化的时代背景下，社会价值观和伦理观念正经历着前所未有的变迁。这种变迁不仅深刻地影响着人们的日常生活和行为准则，也对法律推理与证据规则的应用带来了诸多挑战。随着社会的发展和进步，一些传统的法律观念和价值观可能逐渐失去其原有的适用性。在传统的法律观念中，往往强调个人义务和责任的履行，而对于个人权利的保护则相对较弱。在现代社会中，随着人权意识的觉醒和民主法治的发展，人们越来越注重个人权利的保护和尊重。这种变化使得传统的法律观念和价值观在某些情况下显得不合时宜。传统的法律观念和价值观往往建立在特定的社会结构和文化基础上。随着社会的多元化和全球化，社会结构和文化基础正在发生深刻的变化。这使得传统的法律观念和价值观难以适应新的社会环境和文化背景，进而增加了法律推理的不确定性。

与此同时，新的价值观和伦理观念正在不断涌现和发展，但尚未在法律体系中得到充分体现。随着环保意识的增强，可持续发展和生态保护成为新的价值观。在现行法律体系中，对于环境保护和可持续发展的规定通常不够完善，难以充分体现这一新的价值观。科技的进步和新兴产业的发展带来了新的伦理问题。在人工智能和生物科技领域，数据隐私、算法公正性、生命伦理等问题引发了社会广泛的关注和讨论。对于这些新兴领域的伦理问题，现行法律规则往往缺乏明确的规定和指引，使得法律推理和证据规则的应用面临诸多挑战。

社会价值观和伦理观念的变迁还可能导致法律推理面临价值观的冲突和伦理的困境。在不同的社会群体和文化背景下，人们往往持有不同的价值观和伦理观念。这使得在某些情况下，法律推理可能需要在不同的价值观之间进行权衡和选择。由于价值观的多样性和复杂性，这种权衡和选择往往难以达成共识，增加了法律推理的不确定性。一些复杂的法律问题可能涉及多个伦理层面的考量。在涉及生命权和隐私权等敏感问题的案件中，法律推理需要在保护个人权利和维护社会公共利益之间找到平衡点。由于伦理观念的多样性和复杂性，这种平衡点的确定往往非常困难，甚至可能引发激烈的争议和冲突。

面对社会价值观和伦理观念的变迁，法律从业者面临着巨大的挑战。他们需要不断更新自己的法律知识和伦理观念，以适应新的社会环境和文化背景。他们还需要具备跨文化和跨领域的视野和能力，以便更好地理解和应对不同价值观和伦理观念之间的差异和冲突。法律从业者还需要在法律推理和证据规则的应用中注重伦理考量。他们需要在追求法律公正和效率的同时，充分考虑到当事人的权益和社会的公共利益。这要求法律从业者具备高度的职业道德和责任感，以确保法律推理和证据规则的应用符合社会的价值观和伦理要求。

（五）法律从业者专业素养的提升需求

随着科技的日新月异、社会价值观的变迁以及法律环境的复杂化，法律从业者面临着前所未有的挑战。这些挑战不仅要求法律从业者具备扎实的法律基础知识，还要求他们具备敏锐的洞察力、丰富的实践经验以及跨学科的协作能力。法律是一个不断发展的领域，新的法律法规、司法解释和判例不断涌现。法律从业者需要时刻保持对法律知识的更新和补充，以便能够准确理解和应用最新的法律规定。随着信息化、数字化和智能化的快速发展，法律推理与证据规则的应用也面临着巨大的变革。法律从业者需要积极学习新技术和新方法，如大数据分析、人工智能等，以便能够更有效地处理和分析复杂的法律问题和证据材料。

法律推理是法律从业者的核心能力之一。在复杂多变的法律环境中，法律从业者需要具备严密的逻辑思维能力、准确的判断力和灵活的应变能力。他们需要能够根据案件的具体情况和法律规定，进行深入的分析和推理，得出合理的结论。证据分析也是法律从业者不可或缺的一项技能。他们需要熟练掌握各种证据规则，能够准确识别、收集和评估证据材料，为案件的胜诉提供有力的支持。现代法律问题往往涉及多个领域的知识和技能。例如：知识产权问题可能涉及技术、经济、文化等多个方面；环境保护问题可能涉及生态学、环境科学、经济学等多个学科。因此，法律从业者需要具备跨学科的知识结构和视野，以便能够更全面地理解和应对复杂法律问题。与其他领域的专家进行合作也是解决复杂法律问题的有效途径。法律从业者需要积极寻求与其他领域专家的合作机会，共同研究和解决法律问题。

法律从业者作为社会公正的维护者，必须具备高度的职业道德和责任感。他们需要始终坚守法律原则，维护法律的尊严和权威；还需要积极履行社会责任，为社会的和谐稳定做出贡献。在复杂多变的法律环境中，法律从业者需要保持清醒的头脑和坚定的信念，不为利益所动摇，不为权势所屈服。理论知识是法律从业者的基础，但实践经验同样不可或缺。通过参与实际案件的处理，法律从业者可以更好地理解法律规定的实际运用，掌握法律推理和证据分析的技巧，提升解决实际问题的能力。实践经验也有助于法律从业者建立自己的专业声誉和客户关系，为未来的职业发展奠定坚实的基础。法律领域的知识和技能是不断更新和发展的，法律从业者需要保持持续学习的态度，不断提升自己的专业素养。除了参加专业培训、研讨会等活动，法律从业者还可以通过阅读专业书籍、关注法律动态、参与学术研究等方式进行自我提升。积极参与行业交流和合作，与其他法律从业者分享经验和心得，也是提升专业素养的有效途径。

二、机遇：技术创新与规则完善

（一）技术创新助力法律推理

在信息化和智能化时代，科技的飞速发展正深刻改变着社会的各个领域，法律领域亦不例外。人工智能、大数据等前沿技术的创新应用，为法律推理注入了新的活力，不仅提升了法律工作的效率和准确性，更在一定程度上推动了法律推理的创新发展。人工智能作为当今科技领域的热点，其在法律推理中的应用已经取得了显著成果。通过自然语言处理、机器学习等技术，人工智能系统能够自动化地处理和分析大量的法律文本和案例，帮助法律人快速定位相关法律条文和先例，为法律推理提供有力的支持。

在法律实践中，人工智能系统可以通过对案例库进行深度学习和分析，自动识别出与当前案件相似的历史案例，并提取出这些案例中的关键信息和判决逻辑。这样，法律人就可以借鉴历史案例的判决经验，更加准确地把握当前案件的争议焦点和法律适用问题。人工智能系统还可以根据法律条文和案例库中的信息，自动生成初步的法律意见和推理路径，为法律人提供有益的参考。人工智能还可以用于辅助证据审查工作。通过图像识别、语音识别等技术，人工智能系统可以自动化地识别和提取电子数据、视听资料等新型证据中的关键信息，帮助法律人快速判断证据的真实性和证明力。这不仅可以减轻法律人的工作负担，还可以提高证据审查的效率和准确性。

大数据技术的兴起为法律推理提供了更为丰富的数据资源和处理手段。通过大数据技术的运用，法律人可以更加全面地了解案件的背景信息、涉案人员的行为特征以及社会环境等因素，从而更加深入地分析案件的本质和规律。在法律推理过程中，大数据可以帮助法律人进行更为精准的预测和判断。通过对大量类似案件的数据进行分析和挖掘，法律人可以找出其中的共性和规律，为当前案件的推理提供有力的支持。大数据还可以用于评估不同证据之间的关联性和证明力，帮助法律人形成更加完整和准确的证据链。大数据还可以用于优化法律推理的流程和方法。通过对历史案例和法律条文的数据进行分析和可视化展示，法律人可以更加直观地了解法律推理的过程和结果，发现其中的问题和不足，进而进行针对性的改进和优化。

技术创新不仅为法律推理提供了更为强大的技术支持，还在一定程度上推动了法律推理的创新发展。一方面，新技术的引入使得法律推理的方法和手段更加多样化和灵活化，为法律人提供了更多的选择和可能性。另一方面，新技术的运用也促进了法律推理理念的更新和变革，使得法律推理更加注重实证分析和科学决策。在未来，随着技术的不断进步和应用场景的不断拓展，技术创新在法律推理中的作用将更加显著。例如，随着区块链技术的发展，电子数据的真实性和完整性将得到更好的保障，为法律推理提供更加可靠的数据支持。随着虚拟现实技术和增强现实技术的应用，法律人可以更加直观地模拟案件场景和还原案件事实，提高法律推理的直观性和准确性。技术创新为法律推理带来了前所未有的机遇和挑战。通过充分利用人工智能、大数据等前沿技术的优势，可以不断提升法律推理的效率和准确性，推动法律推理的创新发展。同时也应意识到技术创新带来的潜在风险和挑战，如数据安全、隐私保护等问题，需要在实践中不断探索和完善相关制度和规范。

（二）规则完善提升司法公正性

在法治社会中，法律推理与证据规则的应用是确保司法公正性的基石。然而，随着社会的快速发展和科技的日新月异，新型犯罪形态和新型证据形式不断涌现，给法律推理与证据规则的应用带来了前所未有的挑战。面对这些挑战，完善相关规则成为提升司法公正性的重要途径。随着信息技术的快速发展，电子数据、视听资料等新型证据形式在司法实践中的应用越来越广泛。这些新型证据形式具有直观、客观、易保存等优点，但同时也存在易篡改、易伪造等风险。

因此，需要明确新型证据形式的收集、审查、认定标准和程序。对于电子数据，应规定其收集、存储、传输和使用的具体要求，确保数据的完整性和真实性。对于视听资料，应明确其录制、保存、播放等环节的技术标准和操作规范，防止资料被篡改或伪造。应建立新型证据形式的鉴定和认证机制。通过设立专门的鉴定机构或委托第三方机构进行鉴定，确保新型证据形式的真实性和合法性。对于经过鉴定和认证的新型证据，应赋予其相应的法律效力，为司法推理提供有力支持。还应加强对新型证据形式的研究和探索。随着科技的进步和社会的发展，新型证据形式将不断涌现。需要保持对新型证据形式的敏锐洞察力，及时总结实践经验，不断完善相关规则和标准。

现行法律规则在面对新型案件和新型证据形式时，往往存在滞后性和不适应性。为此，我们应针对新型案件的特点和需求，对现有法律规则进行补充和细化。例如：对于涉及网络犯罪的案件，应增加对网络犯罪行为的定义、定罪标准和量刑幅度的规定；对于涉及生物识别信息的案件，应明确生物识别信息的收集、使用和保护要求；等等。同时，还应加强对法律规则之间的协调性和一致性的审查，避免不同法律规则之间产生冲突和矛盾，确保法律推理的连贯性和一致性。对于存在模糊和歧义的法律条文，应及时进行解释和澄清，为司法实践提供明确的指导。此外，还应注重法律规则的灵活性和适应性。在保持法律稳定性的基础上，适当引入灵活性机制，以适应不断变化的社会现实和科技发展。例如，可以通过制定指导性案例、发布司法解释等方式，为法律推理提供具体的参考和依据。

司法解释和指导性案例是法律推理的重要依据和参考。通过制定司法解释和指导性案例，可以为法律推理提供明确的指导和规范。首先，应加强对司法解释的制定和发布工作。针对司法实践中遇到的新型问题和难点问题，及时制定并发布相关司法解释，为法律推理提供明确的法律适用标准。其次，应注重指导性案例的总结和提炼。通过梳理和总结典型案例的裁判经验和法律适用原则，形成具有指导意义的案例库，为类似案件的裁判提供有益的参考和借鉴。最后，还应加强对司法解释和指导性案例的宣传和推广工作。通过举办培训班、研讨会等方式，加强对司法人员的培训和指导，提高他们的法律素养和裁判能力。完善规则是提升司法公正性的重要途径。通过加强对新型证据形式的规范和引导、对现行法律规则的修订和完善以及制定司法解释和指导性案例等措施，可以不断提升司法推理的准确性和效率性，确保司法公正性的实现。我们也应意识到规则完善是一个持续不断的过程，需要与时俱进、不断创新，以适应社会发展和科技进步带来的新挑战和新需求。

（三）法律服务的普及化和个性化降低法律门槛

随着科技的飞速发展，法律服务正在经历一场深刻的变革，其最显著的特点就是服务的普及化和个性化。这一变革不仅降低了法律服务的门槛，使更多人能够享受到法律服务的便利，同时也满足了不同人群的个性化需求，进一步提升了法律推理的普及度和应用效果。在传统模式下，法律服务往往集中在律师事务所、法院等专业机构，且服务费用较高，使得许多普通民众望而却步。随着互联网、移动应用等技术的普及，法律服务开始走进千家万户。现在，人们只需通过手机或电脑，就能随时随地获取各种法律服务。无论是法律咨询、合同起草，还是诉讼代理，都可以通过网络平台轻松实现。这种便捷性使得法律服务不再是少数人的特权，而是成为广大民众日常生活中的一部分。普及化的法律服务不仅降低了门槛,还提高了效率。在传统模式下,民众可能需要花费大量时间和精力去寻找合适的律师或法律机构,而现在,他们只需在网络上搜索或浏览相关信息,就能找到适合自己的法律服务提供者。一些在线法律服务平台还提供了智能化的法律咨询服务,能够根据用户的问题快速给出解答或建议,进一步提高了服务的效率和质量。

在传统模式下,法律服务往往是一种标准化的产品,无法满足不同人群的个性化需求。随着人工智能等技术的应用,法律服务开始变得更加个性化。现在,一些先进的法律服务平台能够通过大数据分析和人工智能技术,对用户的需求进行精准识别和分析,然后根据用户的个性化需求提供定制化的法律服务。在合同纠纷领域,不同的案件往往涉及不同的法律条款和规定。传统的法律服务可能只能提供一种通用的解决方案,而无法针对每个案件的具体情况提供个性化的建议。而现在,通过人工智能技术的应用,法律服务平台可以对每个案件的具体情况进行深入分析,并结合相关法律规定和判例,为用户提供更加精准、个性化的解决方案。

个性化的法律服务还能够更好地保护用户的隐私和权益。在传统模式下,民众可能需要向律师或法律机构透露大量的个人信息和隐私,存在一定的风险。而现在,通过技术手段的应用,法律服务平台可以在保障用户隐私的前提下,为用户提供更加安全、可靠的服务。普及化和个性化的法律服务对于提升法律推理的普及度和应用效果具有重要意义。普及化的法律服务使得更多人能够了解和接触到法律推理,从而提高了其在社会中的认知度和影响力。个性化的法律服务使得法律推理更加贴近民众的实际需求,提高了其解决实际问题的能力。

(四) 国际合作与交流促进共同发展

在全球化的浪潮下,各国间的联系日益紧密,法律推理与证据规则的应用也面临着相似的挑战与机遇。加强国际合作与交流,对于推动各国法律制度的完善与发展,提升法律推理与证据规则应用的水平,具有不可替代的重要作用。国际司法合作是加强各国间法律交流与协作的重要途径。通过签署双边或多边司法协

/ **法律推理与证据规则** 逻辑推理在法律实务中的应用 /

助协议，各国可以在刑事侦查、起诉、审判和执行等方面开展深入合作。这种合作不仅有助于打击跨国犯罪，维护国际秩序，还能为各国法律推理与证据规则的应用提供宝贵的经验和借鉴。

在国际司法合作中，各国可以共同研究解决跨国法律问题的方案，探讨证据收集、审查、认定等方面的最佳实践。通过分享成功案例和失败教训，各国可以相互学习、取长补短，共同提升法律推理与证据规则应用的水平。国际司法合作还可以促进各国法律制度的相互了解和融合。在合作过程中，各国可以深入了解彼此的法律制度、法律文化和法律思维，从而推动各国法律制度的相互借鉴和融合。这种融合有助于形成更加公正、高效、合理的国际法律秩序，为全球化背景下的法律推理与证据规则应用提供有力的支撑。

国际研讨会是各国法律界人士交流思想、分享经验的重要平台。通过参加国际研讨会，各国法律人可以就法律推理与证据规则的应用进行深入探讨和交流，共同推动法律领域的发展与进步。在国际研讨会上，各国法律人可以分享本国在法律推理与证据规则应用方面的最新研究成果和实践经验。这些成果和经验可能涉及新型犯罪形态的认定、新型证据形式的运用、法律推理方法的创新等方面。通过交流和讨论，各国法律人可以深入了解不同国家在法律推理与证据规则应用方面的差异和共同点，从而拓宽视野、丰富思路。国际研讨会还可以为各国法律人提供相互学习和借鉴的机会。在研讨会上，各国法律人可以就某个具体案例或法律问题进行深入剖析和讨论，共同寻找解决问题的最佳方案。这种学习和借鉴不仅有助于提升各国法律人的专业素养和实践能力，也能推动各国法律制度的不断完善和发展。

国际合作与交流对于促进法律推理与证据规则应用的共同发展具有重要意义。国际合作与交流有助于打破各国在法律领域的孤立和封闭状态，促进各国法律制度的相互了解和融合。这种融合有助于形成更加开放、包容、多元的法律文化，为全球化背景下的法律推理与证据规则应用提供更加广阔的视野和思路。此外，国际合作与交流也推动各国法律制度的创新和发展。通过学习和借鉴其他国家的先进做法和成功经验，各国可以不断优化和完善自身的法律制度，提升法律推理与证据规则应用的水平。这种创新和发展有助于提升各国法律制度的竞争力和影响力，为国际法律秩序的维护和发展贡献力量。

国际合作与交流有助于增进各国之间的信任和友谊。通过共同应对法律领域的挑战和问题，各国可以加深彼此之间的了解和信任，为国际关系的和谐与发展奠定坚实的基础。这种信任和友谊有助于推动各国在更多领域开展合作与交流，共同推动人类社会的进步与发展。国际合作与交流是促进法律推理与证据规则应用共同发展的重要途径。通过加强国际司法合作、参加国际研讨会等方式，各国可以共同应对挑战、分享经验、互相学习，推动全球法律制度的不断完善和发展。在未来，随着全球化的不断深入和各国法律制度的不断创新发展，国际合作与交流将在法律领域发挥更加重要的作用。

第三节 对法治思维与法律语言研究的总结与反思

一、法治思维的演进与现状

法治思维，作为现代法治社会的精神内核，是法治建设的重要支撑和保障。它的演进过程不仅反映了人类社会对法律认知的深化和拓展，更体现了对公平正义、权利保障等价值的不懈追求。法治思维的演进是一个漫长而复杂的过程，它伴随着人类社会的文明进步而不断发展。从最初的简单规则治理，到后来的法律至上、权力制约等理念的提出，再到如今对权利保障、公平正义等价值的强调，法治思维不断适应着时代发展的需要。这一过程不仅体现了人类对法律认知的深化，更展示了人类对于社会治理方式的不断探索和创新。

法治思维的核心价值在于权利保障和公平正义。它强调法律面前人人平等，任何人的权利都应得到法律的平等保护。法治思维也追求公平正义，要求法律的制定和实施都应体现公平和正义的原则，避免任何形式的歧视和偏见。这些核心价值的实现，不仅有助于维护社会的和谐稳定，更能够推动社会的持续发展和进步。尽管法治思维在理论上已经得到了广泛的认同和重视，但在实践中仍然存在一些问题。部分地区和领域仍然存在法律实施不力的情况，一些法律法规得不到有效的执行，导致法律的权威性和公信力受到损害。司法不公现象也时有发生，一些司法人员在处理案件时存在主观臆断、偏袒一方等问题，严重破坏了法治的公正性。公众对法治的认同度和信任度还有待提高，一些人对法律持怀疑态度，甚至逃避法律约束。

针对当前法治思维在实践中存在的问题，需要加大法律实施力度，确保法律法规得到有效执行，可以通过完善执法机制，提高执法人员的素质和能力，确保他们能够公正、准确地执行法律。同时，加强司法公正建设，提高司法人员的专业素养和职业道德水平。通过加强司法监督、完善司法程序等方式，确保司法公正的实现。此外，还应加强法治宣传教育，提高公众对法治的认同度和信任度。通过普及法律知识、弘扬法治精神等方式，增强公众的法律意识和法治观念。

展望未来，法治思维将继续在法治建设中发挥重要作用。随着社会的不断发展和进步，法治思维将更加注重人权保障、环境保护等新型价值的追求。随着科技的不断发展，法治思维也将与大数据、人工智能等新技术相结合，为法治建设提供更加高效、便捷的支持。此外，随着全球化的深入发展，国际法治合作也将成为法治思维发展的重要方向。

二、法律语言的精准性与规范性

法律语言，作为法律思维与法律实务的载体，其精准性与规范性对于确保法律的有效实施和司法公正具有不可替代的作用。然而，在当前的法律实践中，法律语言的使用仍存在一定的问题，如术语不明确、表达烦琐或模糊等，这些问题都直接影响到法律实务的开展和法律效力的发挥。因此，深入探讨法律语言的精准性与规范性，对于提升法律实务的效率和质量具有重要意义。

法律语言的精准性是法律表达的基本要求。法律是一门严谨的科学，其语言应能准确、清晰地表达法律概念、原则和规则。法律语言的精准性有助于避免歧义和误解，确保法律文本的准确传达和理解。精准的法律语言还能够提高法律实务的效率，减少因语言模糊而产生的争议和纠纷。法律语言的规范性是法律表达的另一重要要求。规范性意味着法律语言应符合一定的标准和规范，以确保法律文本的统一性和权威性。法律语言的规范性有助于维护法律的严肃性和稳定性，增强法律文本的公信力和执行力。规范的法律语言还能够促进法律文化的传承和发展，推动法治社会的建设。

部分法律术语的含义不够明确，造成理解和解释上的困难。这可能是术语定义的不完善或术语使用的混乱所致。一些法律文书的表达过于烦琐或模糊，使得读者难以准确理解其含义。这可能是法律文书撰写者的语言表达能力不足或缺乏对法律语言规范性的认识所致。针对当前法律语言运用中存在的问题，应加强对法律语言的规范化和标准化研究。完善法律术语的定义和使用规范，确保术语的准确性和一致性，可以通过制定专门的术语词典或术语使用指南来实现。同时，应加强对法律文书撰写的培训和指导，提高法律文书撰写者的语言表达能力和对法律语言规范性的认识。还可以通过推广使用法律语言辅助工具和技术手段，如法律语言数据库、自然语言处理等，来提高法律语言的精准性和规范性。

在追求法律语言精准性与规范性的同时，我们也应关注法律语言与社会语言的关系。法律语言虽然具有其独特的专业性和严谨性，但也不能脱离社会语言的环境和背景。在规范法律语言的同时，法律从业者也应注重其与社会语言的平衡与融合。这可以通过引入一些通俗易懂的社会语言元素，使得法律语言更加贴近群众、易于理解，同时警惕过度使用社会语言可能带来的模糊性和不确定性，确保法律语言的准确性和权威性。法律语言的研究与实践应相互促进、相互推动。通过深入研究法律语言的精准性与规范性，可以为法律实践提供更加准确、规范的语言支持；而通过实践中的反馈和经验总结，法律从业者又可以不断完善和优化法律语言的使用和规范，应持续推动法律语言研究与实践的结合，形成良性互动和循环发展的态势。

三、法治思维与法律语言的互动关系

法治思维与法律语言作为法律实务的两大基石，其互动关系不仅体现了法律思维的深度与广度，更直接关系到法律实践的精准性与有效性。深入探讨法治思维与法律语言的互动关系，对于深化法治理念、优化法律实践具有重要意义。法治思维强调法律的稳定性、公正性和权威性，它要求法律语言必须精准、明确、无歧义。在立法、司法、执法等各个环节，法治思维都引导着法律语言的规范表达。立法者需要以法治思维为指导，确保法律条文的逻辑严密、语义清晰；司法者需要运用法治思维，通过法律语言对案件进行精准分析和公正裁决；执法者同样需要借助法治思维，以规范的法律语言进行执法活动，确保法律实施的一致性和有效性。

法律语言是法治思维的载体，它通过特定的词汇、句式和表达方式，将法治思维转化为具体的法律规范和实践行动。法律语言的精准使用，能够充分体现法治思维的实践价值。例如，在司法裁判中，法官通过运用法律语言对案件事实进行认定、对法律适用进行阐释，从而实现了法治思维在司法实践中的具体运用。法律语言还能够通过其特有的表达方式和修辞技巧，增强法律文书的说服力和权威性，进一步彰显法治思维的实践效果。

法治思维与法律语言之间的互动关系并非单向的，而是相互促进、共同发展的。法治思维的深化和拓展为法律语言的创新提供了源源不断的动力。随着法治理念的更新和法治实践的深入，法律语言也在不断丰富和完善，以适应新的法治需求；法律语言的规范化和创新也反过来推动法治思维的提升。精准、规范的法律语言能够更好地表达法治精神，引导人们在法律实践中形成正确的法治思维。法律语言的创新也能够为法治思维提供新的表达方式和思考角度，推动法治思维的进一步发展。

部分法律人在实践中存在法治思维不足的问题，导致法律语言表达不够精准、规范。法律语言的创新和发展相对滞后，难以充分反映新时代法治实践的需求。法律语言的专业性和通俗性之间存在一定的矛盾，如何在保证专业性的同时提高法律语言的通俗性，也是当前需要解决的问题。针对当前存在的问题和挑战，法律人需要从多个方面深化法治思维与法律语言的互动关系。首先，加强法治思维教育和培训，提高法律人的法治素养和语言表达能力。其次，推动法律语言的创新和发展，鼓励法律人在实践中探索新的表达方式和思考角度。同时应注重法律语言的通俗性和可读性，使法律条文更加贴近群众、易于理解。最后，还可以通过加强法律实务与理论研究的结合，深入挖掘法治思维与法律语言的内在联系，为二者的互动发展提供理论支持和实践指导。

四、跨学科视角下的法治思维与法律语言研究

法治思维与法律语言研究，作为法律实务的重要组成部分，不仅涉及法学本身的深度和广度，更与语言学、社会学、心理学等多个学科领域紧密相连。在新时代背景下，跨学科的研究视角对于全面、深入地理解法治思维与法律语言的内涵与外延，解决这一领域所面临的问题和挑战，具有不可或缺的重要作用。法学注重法律条文的严谨性和准确性，而语言学则关注语言的表达方式和沟通效果。法治思维与法律语言研究，需要借鉴语言学的理论和方法，深入分析法律语言的构成、功能以及运用规律。例如，法律术语的界定和解释、法律文书的撰写和解读、法庭辩论的技巧和策略等，都需要借助语言学的知识来提升其精确性和艺术性。法学也可以为语言学提供丰富的实证材料和案例，推动语言学在法律领域的应用和发展。

社会学关注社会结构、社会关系以及社会变迁对个体和群体行为的影响。在法治思维与法律语言研究中，社会学视角可以帮助我们理解法律语言如何受到社会结构、传统文化和价值观念的影响，以及法律语言如何反过来塑造和影响社会行为和社会关系。例如，不同社会群体对法律语言的接受程度和理解方式可能存在差异，这需要我们通过社会学的研究方法来揭示其背后的原因和机制。社会学也可以帮助我们评估法律语言在社会治理中的实际效果，为法律政策的制定和调整提供科学依据。心理学研究人类的思维、情感和行为过程，对于理解法治思维与法律语言的认知和情感基础具有重要意义。法律语言作为一种特殊的沟通工具，不仅涉及信息的传递和理解，还涉及情感的表达和调控。心理学的研究可以帮助我们揭示人们在接受和处理法律语言时的心理过程和机制，如认知偏见、情感反应、决策过程等。心理学也可以为法律从业者提供有效的沟通技

巧和策略，帮助法律从业者更好地与当事人、证人和其他利益相关者进行沟通和交流。

跨学科研究需要不同领域的学者和专家进行深度合作和资源共享。在法治思维与法律语言研究领域，法律从业者可以通过建立跨学科的研究团队、举办学术会议和研讨会、开展合作研究项目等方式，促进不同学科之间的交流和合作。还可以利用现代信息技术手段，构建法治思维与法律语言研究的综合平台，实现研究成果的共享和传播，推动这一领域的深入发展。跨领域人才的培养和引进是推动跨学科研究的关键。在法治思维与法律语言研究领域，需要培养一批既具备法学专业知识，又具备语言学、社会学、心理学等其他学科背景的人才，还应积极引进国内外优秀的跨学科研究人才，为这一领域注入新的活力和创新力。通过加强人才培养和引进工作，可以为法治思维与法律语言研究提供坚实的人才保障和智力支持。

五、面向未来的挑战与机遇

在全球化和信息化的双重浪潮下，法治思维与法律语言研究正面临着一系列前所未有的挑战与机遇。这些挑战与机遇不仅为法律实务和学术研究提供了新的视角和思路，也为法治社会的进步和发展注入了新的动力。全球化趋势的加速使得不同国家和地区的法律制度和文化相互交融，法律语言的统一性和规范性成为亟待解决的问题。在法律实务中，不同国家的法律术语和法律体系往往存在较大的差异，这给跨国法律交流和合作带来了很大的困难。如何在全球化的背景下推动法律语言的统一性和规范性，成为法律语言研究的重要课题。

未来研究不仅应关注国际法律语言的标准化和规范化工作，加强跨国法律术语的协调和统一；还应关注不同法律体系和文化背景下的法律语言差异，探索如何在尊重各自特色的基础上实现法律语言的共通性。通过加强国际法律教育和培训，提升法律从业者对国际法律语言的掌握和运用能力，也是解决这一挑战的重要途径。信息化技术的发展为法律信息的传播和获取提供了前所未有的便利条件。互联网、大数据、人工智能等技术的应用使得法律信息可以更加快速、准确地传播到世界各地，为法律实务和学术研究提供了丰富的资源。

然而，信息化技术也带来了一系列新的问题和挑战。例如，信息安全和隐私保护问题日益突出，如何在保障信息安全和隐私的前提下实现法律信息的共享和传播，成为亟待解决的问题。信息化技术也加速了法律信息的更新和变化，法律从业者需要不断学习和更新自己的知识体系以适应新的法律环境。未来研究应关注信息化技术在法律信息传播与获取方面的应用和创新，一方面可以通过探索大数据、人工智能等技术在法律信息分析、处理和利用方面的潜力，提升法律实务和学术研究的效率和水平；另一方面应加强信息安全和隐私保护技术的研究和应用，确保法律信息在传播和共享过程中的安全性和可靠性。

法律实务是学术研究的重要来源和检验场所，而学术研究则为法律实务提供了理论支撑和创新动力。通过加强法律实务与学术研究之间的交流与合作，可以共同推动法治思维与法律语言研究的发展。未来研究，首先应探索建立法律实务与学术研究之间的有效沟通机制，促进双方在信息共享、资源共享和成果共享方面的合作。其次应鼓励法律从业者积极参与学术研究活动，将实践经验转化为理论成果。最后应鼓励学术研究者深入法律实务领域，将理论研究成果应用于实践中。

在全球化和信息化的背景下，培养具有全球视野和创新能力的法律人才显得尤为重要。这些人才需要具备扎实的法律专业知识、良好的语言沟通能力以及敏锐的洞察力和创新能力。未来教育一是应注重培养学生的国际化视野和跨文化交流能力，加强国际法律教育和合作项目的开展。二是应关注学生的创新能力和实践能力的培养，鼓励学生参与法律实务和学术研究活动，积累实践经验和提升创新能力。三是应加强法治宣传教育、普及法律知识、推广法治文化等，可提高公众对法治的认识和信任度，增强全社会的法治意识和法治素养。这将为法治思维与法律语言研究的发展提供坚实的社会基础和有力的支持。

参考文献
References

[1] 张华. 证据法学原理与案例课堂［M］. 北京：中国政法大学出版社，2019.

[2] 邹鹏. 当代中国法治话语研究［D］. 上海：华东政法大学，2021.

[3] 张静焕. 法治思维研究［D］. 长春：吉林大学，2018.

[4] 尹瑾. 法律推理中的逻辑与经验研究［D］. 湘潭：湘潭大学，2018.

[5] 付云云. 法律推理之路：普通法系与大陆法系之法律推理比较研究［D］. 重庆：西南政法大学，2011.

[6] 史天荣. 民事和解证据规则研究［D］. 北京：中国政法大学，2024.

[7] 刘洞天. 我国情况证据概念多维论［D］. 长春：吉林大学，2022.

[8] 李江艳. 刑事辩护证据的收集与运用制度优化研究［D］. 北京：中国人民公安大学，2023.

[9] 周蔚. 证据推理研究：以科学证据为分析视角［M］. 北京：中国人民大学出版社，2016.

[10] 太秀颖. 我国刑事意见证据规则研究［D］. 北京：北方工业大学，2024.

[11] 郭安然. 论确立我国刑事诉讼的传闻证据规则［D］. 北京：中国人民公安大学，2018.

[12] 杨菁. 证据推理的图示理论及其应用研究［D］. 长春：吉林大学，2022.

[13] 张林波. 法律领域的逻辑应用研究：以法律逻辑为视角［D］. 重庆：

西南政法大学，2011.

［14］黄成. 法律推理模式论：以刑事法推理为视角［D］. 湘潭：湘潭大学，2015.

［15］孙铭鸿. 法律论辩中的逻辑应用研究［D］. 呼和浩特：内蒙古师范大学，2020.

［16］吴玉平. 逻辑推理在法律实践中的应用研究［D］. 天津：南开大学，2005.

［17］孙长录. 论逻辑推理在刑事侦查中的运用［D］. 重庆：西南政法大学，2009.

［18］李敏. 事实认定中法官直觉判断偏差的产生与防范［D］. 武汉：中南财经政法大学，2022.

［19］刘与宽. 我国家事审判中的证据规则研究［D］. 兰州：兰州大学，2022.